Rose Marie Donhauser

Lust auf Tacos, Enchiladas, Chilis & Co.

Südwest

Inhalt

Belegte Tacochips sind der Inbegriff der mexikanischen Küche.

Hähnchen mit Tacos und Kakteensalsa: raffinierte Salatkomposition.

Mexikanischer Genuss direkt aus der Pfanne: Mais-Paprika-Tortilla.

Saftiges Tequila-Steak mit köstlichem Bohnensalsa-Topping.

Zum richtigen Essen gehört ein richtiger Drink: Tex-Mex-Cocktails.

Texas und Mexiko in einem

Tex Mex meint eigentlich keine bestimmte internationale Küche, sondern ist vielmehr ein pfiffiges Wortspiel, das ein Gefühl vermitteln soll: Tex Mex ist eine kulinarische Mischung der Küchen Texas' und Mexikos und passt zu dem Cowboy- und Ranchertraum von Freiheit und Abenteuer.

Nahezu über Nacht ist die Tex-Mex-Küche international bekannt und beliebt geworden. Dabei spielten mehrere Faktoren eine Rolle. Zum einen sicherlich die unkomplizierte Art, in der Tex-Mex-Speisen serviert und gegessen werden. Zum anderen die Verbreitung von internationalem Ethnofood, das durch kosmopolitische Offenheit und unserem »quer durch die Welt jetten« stark gefördert wurde. Es gehört zu unserem Lebensstil, ein Multi-Kulti zu sein, von verschiedenen Kulturen beeinflusst zu werden. Das betrifft so unterschiedliche Bereiche wie Kleidung, Einrichtung und eben auch Essen. Es ist ganz normal, heute zum Thai, morgen zum Italiener und übermorgen in die Tex-Mex-Bar zu gehen, um eine Margarita zu schlürfen und Tacos mit Guacamole zu dippen.

Was ist Tex Mex?

Das pfiffige Wortspiel »Tex Mex« ist die Abkürzung von Texas und Mexiko und meint eine bestimmte Palette von kulinarischen Genüssen. Die Hauptrolle spielen dabei Tortillas, die in der Weiterverarbeitung als Burritos, Enchiladas, Nachos, Tacos, Fajitas & Co. Karriere machen. Die Mehrzahl der Gerichte lässt sich durch die Servierform als Fingerfood verspeisen und ist somit auch in den großen Bars der Welt daheim.

Ein bisschen Geschichte

Der Spanier Fernando Cortez eroberte Mexiko von 1519 bis 1521. Gegen Ende des 17. Jahrhunderts wurden von Mexiko aus auch Kalifornien, New Mexiko und Texas besiedelt. Das Reich der Azteken wurde erst 1821 erfolgreich von den mexikanischen Kreolen zurückerobert. Doch ein erneuter Krieg zwang die Mexikaner schon bald darauf wieder in ihre Grenzen. Sie verloren im Krieg gegen die USA am 2. 2. 1848 Texas und alle Gebiete nördlich des Rio Grande del Norte.

Über die Grenzen

Dieser kurze geschichtliche Hintergrund erklärt, wie sich die heutige Tex-Mex-Küche geformt und entwickelt hat. Es ist eine kunterbunte, grenzüberschreitende Mischung aus mexikanischer, spanischer, kreolischer und zum Teil auch amerikanischer Küche. Tex-Mex-Küche kennt keine Grenzen – sie liegt südlich und nördlich des Rio Grande del Norte.

Die Stars kennt jeder

Wie bei jeder international bekannten Küche sind auch in der Tex-Mex-Küche in erster Linie die Hauptdarsteller bekannt. Die kulinarischen Lieblinge wurden exportiert, von scharfen Salsas, über Chili con Carne, Mais-Chips, bis hin zu Chickenwings und Tortillas. Oftmals sind authentische Gerichte nur mit den vor Ort zur Verfügung stehenden Lebensmitteln herzustellen. Das Besorgen der Zutaten außer Landes kann oft mit erheblichen Schwierigkeiten verbunden sein. In diesem Buch finden Sie beides: natürlich die bekannten Gerichte, aber auch die weniger bekannten, selbstverständlich mit Zutaten, die auch hierzulande leicht zu bekommen sind.

Tex Mex macht durstig

Bier wird zu Tex-Mex-Gerichten gern getrunken, auch aus dem Grund, weil es sehr leicht und alkoholarm ist. Die beliebtesten Biermarken in Tex-Mex-Restaurants sind klassische amerikanische und mexikanische Marken. Typischerweise wird es aus der Flasche getrunken, mit einem Zitronenschnitz im Flaschenhals.

Das Wasser Mexikos

Tequila und Mezcal werden beide aus Agavensaft hergestellt. Echter Tequila muss doppelt gebrannt sein und etwa 40% vol. Alkohol haben. Er lagert einige Jahre. Es gibt weißen Tequila, der gleich nach dem Destillieren abgefüllt wird. Der braune Tequila lagert einige Jahre in Holzfässern. Der Name ist geschützt: Tequila darf sich nur der aus bestimmten Provinzen in der Umgebung der Stadt Tequila stammende Agavenbranntwein nennen.
Zu den wichtigsten Tequilamarken gehören Cuervo, Montezuma, Porfidio und Herradura.
Don Cenobio, sein Schöpfer, wird als der »Don Tequila« angesehen.

Zu einem richtigen Tex-Mex-Essen gehören natürlich auch originäre Getränke, wie z. B. mexikanisches Bier, um das Feuer nach einem scharfen Essen zu löschen. Und als Aperitif einen wunderbar exotischen Cocktail? Einige köstliche Drinkrezepte haben wir für Sie auf Seite 84ff. zusammengestellt.

Typische Zutaten der würzigen Küche

Nur wenige Grundzutaten sind nötig, um einen Hauch Wildwest auf den Tisch zu zaubern. Und was das Beste ist: Alle Zutaten sind mittlerweile auch hierzulande in jedem gut sortierten Supermarkt erhältlich.

Im Reich der Azteken ernährte man sich seit jeher hauptsächlich von Mais, Bohnen, Zuckerrohr, Reis, Bananen, Erdnüssen, Chilis und Kürbissen. Erst die Spanier brachten mit der Eroberung von Cortez im 16. Jahrhundert noch bis dahin unbekannte Lebensmittel und Viehbestände in die damals mexikanischen Großgebiete. Im Lauf der Jahrhunderte entstand so eine temperamentvolle, interessante und scharfe Küche, die quasi aus der Verschmelzung unterschiedlicher Kulturen und dem landwirtschaftlichen Angebot entstand.

Bohnen (Frijoles) sind ein Muss in der würzigen Küche. Besonders die schwarzen und roten Bohnen sind in vielen Gerichten zu finden.

Mais gehört zu den wichtigsten Anbauerzeugnissen Mexikos. Dabei wird Maismehl nicht nur für die Herstellung von Tortillas verwendet. Vielmehr ist das Kochen von Tamales, einem Maisbrei, wesentlich älter als die Herstellung von Maisfladen.

Chili ist *das* Würzmittel – ob flüssig als Tabasco, fein gemahlene Chilischoten als Cayennepfeffer oder Chilipulver oder gemischt als Chiligewürz. Verschiedene Chilisorten stellen wir Ihnen auf Seite 12f. vor.

Koriander als frische Pflanze ist die Petersilie in der Tex-Mex-Küche. Mittlerweile ist er in jedem Asienladen frisch erhältlich, manchmal sogar noch mit der Wurzel. Wenn Sie Koriander in einem Topf am Fensterbrett ziehen, haben Sie stets frischen Koriander. Oder Sie kaufen eine größere Menge, hacken sie fein und frieren sie portionsweise ein.

Tortillas und mehr

Das Brot in der Tex-Mex-Küche ist die **Tortilla**. Gebackene, dünne Fladen, die hauptsächlich aus dem bekanntesten Erntegut, dem Mais, hergestellt werden. Mittlerweile sind Mischungen aus Weizen und Mais sehr beliebt, da sie besser zu backen sind.

Das Nationalgericht der Mexikaner sind **Enchiladas**. Dazu werden knusprig gebackene Tortillas mit verschiedenen Sorten Fleisch, Tomaten und Chili belegt, aufgerollt und mit Chilisauce und Käse überbacken.

Enchiladas sind deshalb so beliebt, weil sie durch die verschiedenen Kombinationen immer wieder anders schmecken. Auf Speisekarten bekommen Enchiladas oft Namenszusätze, die die Grundzubereitung der Enchiladas plus eine Variante im Überbacken oder extra viel Bohnen bedeuten können.
Bei der **Torta de Enchilada** werden die einzelnen Tortillas wie bei einer Torte schichtweise gefüllt und dann überbacken.

Das bekannteste Gericht der Tex-Mex-Küche heißt **Fajitas**. Dazu werden pfannenweise Fleisch, Fisch, Meeresfrüchte, Gemüse, Chili und Käse mit heißen Tortillas serviert. Bei diesem Gericht, das meist für eine gesellige Runde zubereitet wird, nimmt sich jeder eine Tortilla, belegt diese mit Zutaten seiner Wahl und rollt nach Belieben.

Nachos sind knusprig frittierte Tortilla-Maischips, die nachträglich gesalzen werden. Besonders beliebt sind die mit Käse überbackenen.

Flautas sind ungebratene, weiche Tortillas. Diese werden mit Fleisch, Fisch oder Gemüse belegt, aufgerollt und gebraten.

Tortas ist in Mexiko der Begriff für Sandwiches. Dazu werden Tortillas mit kalten Zutaten belegt.

Gefüllte, kleine Tortillaröllchen, die mit Hölzchen zusammengesteckt und frittiert werden, heißen **Tacos**.

Garnachas sehen aus wie Pizzen. Dazu werden Tortillas mit beliebigen Zutaten belegt und überbacken.

Mit Käse gefüllte Tortillas heißen **Quesadillas**. Queso heißt Käse.

Burritos sind aus geschmeidigen, sehr weichen Weizenmehltortillas hergestellt und werden mit verschiedenen Füllungen serviert.

Tacochips sind knusprig frittierte Chips. Fertig abgepackt in Tüten sind sie mittlerweile in fast allen Supermärkten erhältlich. Ideal als Knabbergebäck oder zum Servieren mit Dipsaucen.

Tostadas sind knusprig frittierte Tortillaschalen, die kalt serviert werden. Meist sind sie zu Muscheln, Schalen oder viereckigen Formen gepresst. Im Kapitel »Tortillas und Tex-Mex-Gemüse« wird gezeigt, wie man sie selbst herstellen kann. Sie sind auch als Fertigprodukt erhältlich.

Die Tortilla ist in der Tex-Mex-Küche das, was bei uns das Brot ist. Tortillas werden praktisch zu jedem Gericht serviert – und sind darüber hinaus enorm wandlungsfähig. Aber nicht alles, was wie Tortilla aussieht, heißt auch Tortilla…

Feurig, feuriger, Chilis

Für unseren europäischen Gaumen etwas ungewohnt ist die Schärfe der Tex-Mex-Gerichte. Deshalb beim Würzen mit Chili, Cayennepfeffer und Tabasco am Anfang lieber etwas zurückhaltend sein. Nachwürzen ist jederzeit möglich.

In der südamerikanischen Küche wird scharf gefeuert, in Brasilien oder Chile nicht weniger als in Mexiko oder in der raffinierten Tex-Mex-Küche.
Besonders in tropischen und subtropischen Ländern ist der Anbau von Chili, wie z. B. überall in Südamerika und in Asien, sehr bekannt. Doch die Wiege der Chilipflanze stand ursprünglich in Mexiko. Bei archäologischen Ausgrabungen fand man Samen von wilden Chilipfefferschoten. Auf diese Weise ließ sich nachweisen, dass die Chilipflanze bereits vor über 7000 Jahren in Mexiko bekannt war.
Heutzutage werden allein im Ursprungsland Mexiko über 100 verschiedene Chilisorten angebaut. Von höllisch scharf über angenehm scharf bis mild ist alles dabei. Es ist sehr schade, dass es in Europa nur einige Sorten zu kaufen gibt. Um das Chilirepertoire so richtig auskosten zu können, muss man unbedingt in Chililänder reisen.

Vorsicht beim Umgang mit Chilis

Die eigentliche Schärfe der Chilischoten liegt in dem wasserunlöslichen Wirkstoff Capsaicin, der in den Trennwänden, in den Kernen und im Chiliöl (Saft) enthalten ist. Beim Schneiden der Chilis am besten Handschuhe tragen, denn zu schnell reibt man sich unbedacht mit den Händen in den Augen oder auf der Haut. Es reichen minimale Saftspuren aus, um ein schmerzhaftes Brennen auf der Haut und in den Augen auszulösen. Nach dem Schneiden sollte man außerdem Hände, Messer und Brett gründlich mit Spülmittel reinigen.

Das Feuer löschen

Sollten Sie zu scharf gegessen haben, verhilft ein Schluck Wasser nur kurzzeitig zu Linderung, nimmt aber die Schärfe nicht weg. Am besten lassen Sie etwas Zucker auf der Zunge zergehen, lutschen Kokosraspeln oder nehmen Milch oder Milchprodukte wie Joghurt zu sich, um die Schärfe aufzusaugen.

Getrockneter Chili

Sollten Sie frische Chilischoten kaufen und diese einige Tage oder sogar Wochen auf dem Fensterbrett vergessen haben, werden sie nicht schlecht, sondern trocknen und bekommen ein runzliges Aussehen. Doch Vorsicht, jetzt ist die Schärfe konzentriert. Sie sind wesentlich schärfer als frische Schoten!

Chili reaktivieren

Getrocknete Chilischoten im Ganzen können Sie leicht wieder zum Leben erwecken. Dafür die Schoten in einer heißen, ungefetteten Pfanne leicht rösten, aber nicht verbrennen. Dann mit heißem Wasser begießen und 5 bis 10 Minuten bei geringer Hitze kochen lassen. Die Schoten in ein Sieb gießen, kurz abkühlen lassen und verwenden wie frische Chilischoten.

Heiße Tipps

1. Wenn im Rezept frische Chilischoten angegeben sind und Sie nur getrocknete Schoten haben, verwenden Sie nur die Hälfte der Trockenware, denn die Schärfe ist durch den Trockenzustand um ein Vielfaches konzentrierter.
2. In den Rezepten werden die Chilischoten grundsätzlich entkernt. Sollten Sie ein feuriger Typ sein, verwenden Sie die Kerne einfach mit. Aber Vorsicht: Sie geben noch viel mehr Schärfe, als die Schote allein.
3. Sollte das Gericht zu scharf geraten sein, können Sie mit Zucker entschärfen. Grundsätzlich gilt: Lieber weniger Chili verwenden und nach dem Abschmecken die Dosis erhöhen.

Chili pulverisiert

Was ist eigentlich der Unterschied zwischen Cayennepfeffer und Chilipulver? Cayennepfeffer ist ein äußerst scharfes Pulver, das aus getrockneten und gemahlenen Chilischoten hergestellt wird und je nachdem aus einer oder mehreren Chilisorten bestehen kann. Chilipulver dagegen ist eine Mischung aus verschiedenen Gewürzen, wie z. B. Pfeffer, Kreuzkümmel, Oregano, Paprika, Gewürznelke und Knoblauch sowie getrockneten Chilischoten.

Größte Vorsicht ist angesagt beim Umgang mit frischem Chili. Der in den Schoten enthaltene, wasserunlösliche Wirkstoff Capsaicin brennt höllisch scharf auf der Haut und vor allem in den Augen. Deshalb: Die Hände auf keinen Fall mit dem Gesicht in Berührung bringen, am besten bei der Zubereitung sogar Gummihandschuhe tragen!

Chilistars in der Tex-Mex-Küche

Über 100 verschiedene Chilisorten werden allein in Mexiko angebaut. Hier in Europa sind leider nur ein paar wenige erhältlich. Wenn Sie die scharfe Küche mögen, probieren Sie alle durch – und Sie werden bestimmt Ihren Lieblingschili entdecken.

Von den über 100 Chilisorten sind hier die beliebtesten Sorten, die fast überall erhältlich sind, erklärt:

New-Mexico-Chili ist etwa 20 Zentimeter lang, und es gibt ihn in den Farben Rot und Grün. Getrocknet und geröstet ist er unter dem Namen »Chile pasado« bekannt.

New-Mexico-Chili

Poblano-Chili gibt es in Rot und Grün, er ist etwa 13 Zentimeter groß. Getrocknet heißt er Ancho.

Poblano-Chili

Jalapeño-Chili ist der bekannteste unter den Chilis. Es gibt ihn in Grün, Gelb und Rot, und er ist bis zu sieben Zentimeter lang. Getrocknet und geräuchert heißt er Chipotle. Jalapeño-Chili ist eingelegt in gut sortierten Supermärkten erhältlich.

Jalapeño-Chili

Serrano-Chili wird im Heimatland für die Guacamole verwendet. Es gibt ihn in den Farben Rot und Grün, mit einer Länge bis zu etwa fünf Zentimeter.

Serrano-Chili

Jalapeño- und Serrano-Chili gehören zu den schärfsten Chilisorten und können jederzeit gegeneinander ausgetauscht werden. Da die Jalapeñoschote aber um einiges größer ist, verwendet man stattdessen einfach zwei oder drei Serranos. Poblano-Chili dagegen ist nur wenig schärfer als normale Paprikaschoten.

Anaheim-Chili ist recht mild im Geschmack. Der rote ist süßer als der grüne. Er ist etwa 15 Zentimeter lang und 5 Zentimeter breit. Getrocknet heißt er »Chile colorado«.

Anaheim-Chili

Habanero-Chili ist sehr scharf. In den Farben Grün, Gelb, Orange und Rot hat er eine Länge von bis zu fünf Zentimeter.

Habanero-Chili

Tabasco-Chili ist eine der schärfsten Sorten. Es gibt ihn in Orange und Rot, mit einer Länge von etwa zwei Zentimeter. Er wird für die berühmte Tabascosauce – den flüssigen Chili – verwendet.

Tabasco-Chili

In den folgenden Rezepten werden des Öfteren auch eingelegte Chilis verwendet. Dabei handelt es sich meist um eingelegte Jalapeños, die in der Regel in gut sortierten Supermärkten erhältlich sind. Von der Schärfe her besteht kein Unterschied, ob Sie nun frische oder eingelegte Chilischoten verwenden.

Vorspeisen und Snacks

Entremeses

Tapas, Tacos, Dips und Sopas – die Grenzen zwischen Vorspeisen, Snacks oder einer kleinen Zwischenmahlzeit sind fließend in der Tex-Mex-Küche. Deshalb finden Sie in diesem Kapitel köstliche, meist überbackene Kleinigkeiten genauso wie feurige Dips und exotische Suppen. Und das Beste ist: Die meisten Gerichte sind in relativ kurzer Zeit zubereitet! Probieren Sie es aus – Sie finden mit Sicherheit Ihr Tex-Mex-Lieblingsrezept!

Auch das Auge isst mit

Gebackene Käsestangen

Tipp der Köchin

Wer keine Fritteuse besitzt, kann das Fett in einem normalen Topf erhitzen. Damit die Sticks schön knusprig werden, diese in ausreichend Fett schwimmend backen. Nach dem Frittieren das Fett erstarren lassen und im Kühlschrank abgedeckt zum Abtragen aufbewahren.

Für 4 Portionen

1 rote Paprikaschote
1 reife Mango
1 frische rote Chilischote
3 EL Orangensaft
einige Tropfen Tabasco
Salz, schwarzer Pfeffer
Cayennepfeffer nach Geschmack
100 g Feldsalat
2 EL Olivenöl
1 EL Essig
600 g Käse
(z. B. Cheddar oder Gouda)
2 Eier
3 EL Milch
Paniermehl
500 g Kokosfett zum Frittieren

40 Minuten

Mit einer knusprigen Hülle schmeckt jeder Käse gleich nochmal so gut.

1 Die Paprikaschote waschen, entkernen, in Streifen schneiden und sehr fein würfeln. Die Mango schälen und das Fruchtfleisch passend zur Paprika in feine Würfel schneiden. Die Chilischote waschen, längs aufschlitzen, entkernen und fein hacken.

2 Die Paprika-, Mango- und Chiliwürfel mit dem Orangensaft, Tabasco, Salz, Pfeffer und Cayennepfeffer zu einer Salsa verrühren.

3 Den Feldsalat verlesen, waschen, trockenschwenken und mit Olivenöl und Essig vermengen. Den Salat auf vier Teller verteilen.

4 Den Käse in Sticks von 6 bis 7 Zentimeter Länge schneiden. Die Eier mit der Milch verschlagen und die Käsestangen darin eintauchen. Anschließend in dem Paniermehl wenden.

5 Das Kokosfett auf etwa 180 °C erhitzen. (Das Fett ist heiß genug, wenn sich an einem Holzlöffel kleine Bläschen bilden.) Die Käsestangen portionsweise goldgelb frittieren. Auf Küchenpapier das überschüssige Fett abtropfen lassen.

6 Nach Belieben die Salsa nachwürzen und in Portionsschälchen verteilen. Die Käsestangen auf den Salattellern anrichten. Von der Salsa kann jeder nach Belieben entweder etwas über den Salat geben oder auch die Käsestangen eindippen.

Würzige Chilihäppchen

Belegte Tacochips

Für 4 Portionen

- 1 Packung Tacochips oder -schalen
- 2 Fleischtomaten
- 1 Zwiebel
- 2 eingelegte Jalapeñoschoten (ersatzweise Peperonis)
- 200 g fertiges Chili con Carne (Rezept Seite 66)
- 100 g saure Sahne
- 100 g frisch geriebener Käse (z. B. Emmentaler, Cheddar, Gouda)

15 Minuten

1 Tacochips oder -schalen auf einer Platte auslegen. Fleischtomaten mit kochend heißem Wasser überbrühen, häuten, entkernen und klein würfeln. Die Zwiebel abziehen und fein würfeln.

2 Die Jalapeñoschoten abtropfen lassen und in dünne Scheibchen schneiden. Das Chili con Carne leicht erwärmen.

3 Die Tacochips abwechselnd mit Chili con Carne, Tomaten, Zwiebeln und Jalapeñoscheiben belegen. Etwas saure Sahne darauf geben und mit Käse bestreuen. Auf einer Servierplatte reichen.

Für die belegten Tacochips brauchen Sie kein Besteck, aber sicherlich eine große Serviette – schließlich sind sie ein typisches Fingerfood.

Die Tacochips sind ein toller Partysnack. Dazu Tomatensaft mit Wodka, Gin oder Tequila auf Eis servieren. Salz, Pfeffer und Tabasco zum Würzen bereitstellen.

Schön scharf

Gefüllte Chilischoten

Für 4 Portionen

12 frische Jalapeñoschoten (auch eingelegt, ersatzweise kleine Spitzpaprika)
1/2 Eisbergsalat
2 Fleischtomaten
250 g geschälte Shrimps
Saft von 1/2 Limette
100 g Mayonnaise
Salz, schwarzer Pfeffer
100 g geriebener Käse (z. B. Gouda, Cheddar)

Die Tex-Mex-Küche nimmt Kostproben aus den Kochtöpfen mexikanischer, spanischer, kreolischer und zum Teil auch amerikanischer Küchen und verbindet von allem das Beste zu einer eigenen kulinarischen Richtung.

30 Minuten

1 Die Jalapeñoschoten waschen, der Länge nach aufschlitzen und entkernen. Mit kochend heißem Wasser überbrühen, kalt abschrecken und mit Küchenpapier trockentupfen.

2 Den Salat zerpflücken, waschen, trockenschwenken und in Streifen schneiden. Die Fleischtomaten mit kochend heißem Wasser überbrühen, häuten, entkernen und fein würfeln.

3 Die geschälten Shrimps waschen, trockentupfen und fein hacken. Zusammen mit Limettensaft, Mayonnaise und Tomatenwürfeln verrühren. Die Masse mit Salz und Pfeffer würzen.

4 Auf einer Servierplatte die Salatstreifen dekorativ verteilen. Die vorbereiteten Jalapeñoschoten mit der Shrimpsmischung füllen und auf der Platte anrichten. Die Schoten mit frisch geriebenem Käse bestreuen und sofort servieren.

Mahlen Sie Pfeffer am besten immer ganz frisch. So entfaltet er sein volles Aroma und gibt Ihrem Essen die richtige Schärfe.

Tipp der Köchin

Die Jalapeñoschoten werden vornehmlich in Südamerika, Texas und Mexiko angebaut. Daher zwangsläufig die häufige Verwendung in der Tex-Mex-Küche. Der Schärfegrad ist, im Vergleich zu anderen Schoten, eher im Mittelbereich, aber Europäer empfinden die Schoten als scharf. Wenn Sie die Schärfe mildern wollen, dann überbrühen Sie die Chilischoten mit kochend heißem Wasser wie im Rezept beschrieben. Werden Jalapeños getrocknet oder geräuchert angeboten, dann werden sie Chipotles genannt.

Der Tex-Mex-Dip

Guacamole mit Tacochips

Für 4 Portionen
2 Fleischtomaten
2 frische rote Chilischoten
1 Limette
3 reife Avocados
Salz
grob geschroteter schwarzer Pfeffer
1 Packung Tacochips

15 Minuten

1 Die Fleischtomaten mit kochend heißem Wasser überbrühen, häuten, entkernen und in kleine Würfel schneiden. Chilischoten waschen, putzen, längs aufschlitzen, entkernen und fein würfeln.

2 Die Limette halbieren und den Saft auspressen. Die Avocados schälen, halbieren, Kerne entfernen und das Fruchtfleisch zusammen mit dem Limettensaft grob mit einer Gabel zerdrücken.

3 Tomaten- und Chiliwürfel nach und nach unter das Avocadomus rühren. Mit Salz und Pfeffer abschmecken. Sofort servieren und mit Tacochips dippen. Ein Gläschen gut gekühlter Tequila, wie z. B. der Olmeca, passt sehr gut dazu.

Chilischoten dürfen gern mal die Hauptrolle spielen, z. B. mit einer Füllung aus Shrimps und Tomaten.

Das Fruchtfleisch der Avocados färbt sich sehr schnell braun, daher die Avocados erst kurz vor dem Servieren schälen. Limetten- oder Zitronensaft schützt zwar vor dem Verfärben, aber nur für kurze Zeit.

Außerordentlich gut

Überbackene Papayas

Tipp der KöchIn

Eine Vorspeise mit einem unwahrscheinlich fruchtig-exotischen Geschmackserlebnis. Dazu am besten Tacochips und spanischen Sekt genießen.

Für 4 Portionen

Butter für die Form
2 Fleischtomaten
1 Bund frischer Koriander
1 Zwiebel
4 Knoblauchzehen
2 Papayas
8 EL Olivenöl
Salz, schwarzer Pfeffer
1 Messerspitze gemahlene Muskatblüte (Macis)
100 g geriebener Käse (z. B. Chester oder Gouda)
1 EL Paniermehl
1 EL Butterflöckchen

40 Minuten

1 Den Backofen auf 220 °C (Umluft 200 °C, Gas Stufe 4–5) vorheizen und eine ofenfeste Form mit Butter ausstreichen. Die Tomaten mit kochend heißem Wasser überbrühen, häuten, entkernen und in 1/2 Zentimeter große Würfel schneiden. Den Koriander waschen, trockenschwenken, die Blätter von den Stielen zupfen und fein hacken.

2 Die Zwiebel und die Knoblauchzehen abziehen und fein würfeln. Die Papayas waschen, trockentupfen, der Länge nach aufschneiden und entkernen. Das Fruchtfleisch mit einem scharfkantigen Löffel herauslösen. Dabei etwa 1 Zentimeter zur Schale übrig lassen.

3 Das Papayafruchtfleisch klein würfeln. In einer Pfanne die Hälfte des Olivenöls erhitzen und Zwiebel- und Knoblauchwürfel darin andünsten. Die Tomaten- und Papayawürfel einrühren und einige Minuten dünsten lassen. Mit Salz, Pfeffer und Muskatblüte abschmecken.

4 Den Pfanneninhalt mit dem geriebenen Käse, dem Paniermehl, der Butter und dem restlichen Olivenöl vermischen. Die Papayahälften mit der Masse füllen und im Ofen etwa 20 Minuten überbacken.

Papayas schmecken nicht nur in exotischen Obstsalaten, sondern auch mit einer herzhaften Tomatenfüllung und mit Käse überbacken einfach köstlich.

Das schmeckt Kindern

Überbackene Kartoffeln

Tipp der Köchin

Bei Kindern empfehle ich zurückhaltend zu würzen. Für Erwachsene dürfen Sie aber ruhig das schärfste Chiliketchup verwenden.

Für 4 Portionen

4 gleich große Kartoffeln
Salz
1 Dose Kidneybohnen (Abtropfgewicht 255 g)
2 EL Pflanzenöl
150 g gemischtes Hackfleisch
2 EL Chiliketchup
100 g fein geriebener Käse (z. B. Gouda, Cheddar)
schwarzer Pfeffer
Pflanzenöl für die Form
1 Bund glatte Petersilie
100 g saure Sahne
1 TL Limettensaft

50 Minuten

1 Die Kartoffeln waschen und mit der Schale in wenig Salzwasser fast weich kochen. Die Bohnen in ein Sieb gießen und abtropfen lassen. In einer Pfanne das Pflanzenöl erhitzen und das Hackfleisch darin krümelig braten.

2 Die Pfanne beiseite ziehen und das Hackfleisch mit Chiliketchup, Bohnen und Käse vermengen. Mit Salz und Pfeffer würzen.

3 Den Backofen auf 200 °C (Umluft 180 °C, Gas Stufe 3–4) vorheizen und eine ofenfeste Form mit Öl ausstreichen. Die Kartoffeln abgießen, ausdampfen lassen und der Länge nach halbieren.

4 Die Kartoffelhälften mit den Schnittstellen nach oben in die Auflaufform geben und mit dem Bohnenhackfleisch überziehen. Im vorgeheizten Backofen in etwa 15 Minuten überbacken.

5 In der Zwischenzeit die Petersilie waschen, trockenschwenken, Blättchen von den Stielen zupfen und mit einem Wiegemesser fein wiegen. Mit der sauren Sahne und dem Limettensaft verrühren und zu den überbackenen Kartoffeln servieren.

Für die überbackenen Kartoffeln sollten Sie fest kochende oder vorwiegend fest kochende Kartoffeln verwenden. Mehlig kochende Kartoffeln enthalten sehr viel Stärke und zerfallen beim Kochen. Sie eignen sich daher eher für Pürees, Klöße und Kartoffelpuffer.

Feurig und schnell

Nachos mit Rancherosauce

Für 4 Portionen
3 Fleischtomaten
1 Zwiebel
3 Knoblauchzehen
1 eingelegte Jalapeñoschote (Glas)
4 EL Olivenöl
Salz, schwarzer Pfeffer
1/2 TL Kreuzkümmel
1 TL getrockneter Oregano
1 Messerspitze Chilipulver
Tabasco nach Geschmack
1 Packung Tacochips

30 Minuten

1 Fleischtomaten überbrühen, häuten, entkernen und sehr fein würfeln. Die Zwiebel und die Knoblauchzehen abziehen und fein würfeln. Die Jalapeñoschote fein hacken.

2 Tomaten, Zwiebeln, Knoblauch und Jalapeño mit Olivenöl verrühren und dabei mit einem Holzlöffel etwas zerdrücken. Mit Salz, Pfeffer, Kreuzkümmel, Oregano, Chilipulver und Tabasco würzen.

3 Die Tacochips nach Belieben im Backofen kurz erwärmen. In einem Brotkorb, eingehüllt in eine Stoffserviette, servieren. Rancherosauce zum Dippen reichen.

Hier gibt's das Chili mal direkt aus der Kartoffel. Dazu passt der Kräuter-Sahne-Dip hervorragend.

Tipp der Köchin

Nachos sind Tortilla-Maischips, die knusprig frittiert und leicht gesalzen werden. Nachos bzw. Tacochips sind in vielen gut sortierten Supermärkten erhältlich.

Zum Cocktail servieren

Zwiebelringe mit grünem Chilidip

Zum Abschluss der Mahlzeit können Sie jedem Gast einen Tequila anbieten. Und so trinkt man ihn: In die linke Hand zwischen Daumen und Zeigefinger eine Zitronenscheibe nehmen. Auf das linke Daumengelenk eine Prise Salz streuen. Jeder leckt sein Salz ab, gießt mit der rechten Hand ein Gläschen gut gekühlten Tequila in den Mund, schluckt und saugt die Zitronenscheibe aus.

Für 4 Portionen

Chilidip:
4 frische grüne Chilischoten
2 Knoblauchzehen
100 ml Gemüsebrühe
2 EL Pflanzenöl
Salz, schwarzer Pfeffer

Zwiebelringe:
100 g Mehl
1/8 l helles Bier (mexikanisches)
1 Ei
1 EL Pflanzenöl
1 Messerspitze Chilipulver
500 g Pflanzenöl zum Frittieren
2 große Zwiebeln

50 Minuten

1 Den Backofen auf 200 °C (Umluft 180 °C, Gas Stufe 4–5) mit Grillstufe vorheizen.

2 Die Chilischoten waschen, trockentupfen und auf ein Backblech legen. Im Ofen knapp 10 Minuten grillen, bis die Häute Blasen zeigen und leicht schwarz werden.

3 Den Knoblauch abziehen und grob zerkleinern. Die Chilis aus dem Ofen nehmen und für 5 Minuten in eine Plastiktüte packen. Dann häuten und zusammen mit dem Knoblauch, der Gemüsebrühe und dem Pflanzenöl im Küchenmixer pürieren. Mit Salz und Pfeffer würzen und in Portionsschälchen füllen.

4 Für den Backteig mit den Quirlen eines elektrischen Handrührgeräts Mehl, Bier, Ei, Pflanzenöl und Chilipulver glatt rühren. Das Pflanzenöl heiß siedend erhitzen.

5 Die Zwiebeln abziehen und quer in 1/2 Zentimeter dicke Scheiben schneiden. Die einzelnen Schichten zu Ringen auseinander brechen.

6 Die Zwiebelringe durch den Teig ziehen und portionsweise im Fett goldgelb ausbacken. Auf Küchenpapier abtropfen lassen und auf einem Servierteller anrichten. Den grünen Chilidip dazu reichen.

Die Zwiebel wird seit Jahrtausenden nicht nur als Gewürz, sondern auch als Heilpflanze sehr geschätzt. Nicht umsonst wurden im alten Ägypten die Sklaven beim Bau der Pyramiden mit Zwiebeln entlohnt.

Top-Gemüse der Tex-Mex-Küche

Maiskolben mit Chili-Knoblauch

Für 4 Portionen

4 frische Maiskolben (ersatzweise gekochte aus der Dose)
Salz
1 frische rote Chilischote
3 Knoblauchzehen
60 g zerlassene Butter
schwarzer Pfeffer

40 Minuten

1 Die Maiskolben entblättern, Haare und Strunk entfernen. In kochendes Salzwasser legen und etwa 20 Minuten garen.

2 Den Backofen auf 200 °C (Umluft 180 °C, Gas Stufe 3–4) vorheizen. Die Chilischote fein hacken, Knoblauchzehen fein würfeln. Chili und Knoblauch mit Butter verrühren. Mit Salz und Pfeffer würzen.

3 Die Maiskolben in ein Sieb gießen und abtropfen lassen. Dann quer halbieren und jede Maishälfte auf ein Stück Alufolie geben. Die Maiskolben rundherum mit der Würzbutter einstreichen und fest einpacken. In den Ofen schieben und etwa 15 Minuten grillen.

Maiskolben gehören zu jedem mexikanischen Abend. Die Chili-Knoblauch-Butter macht aus ihnen einen scharfen Genuss.

Tipp der Köchin

Die gekochten Maiskolben kann man auch mal mit der Würzbutter einstreichen und in Speck gewickelt 10 Minuten grillen.

Tex-Mex-Schärfe

Gefüllte Salatblätter

Eine Sangriabowle passt hervorragend zu diesem Gericht. Dafür südamerikanischen Rotwein mit 2 Orangenspiralen und 1 Esslöffel Zucker 1 Stunde bei Zimmertemperatur stehen lassen. Kurz durchrühren und mit Fruchtstücken Ihrer Wahl servieren.

Für 4 Portionen

200 g grüne Oliven mit Paprikafüllung
4 große Eisbergsalatblätter
1 Zwiebel
3 EL Pflanzenöl
200 g Rinderhackfleisch
1 EL Tomatenmark
1 Schuss Tequila (ersatzweise Wasser oder Brühe)
Salz, schwarzer Pfeffer
1/2 TL getrockneter Oregano
Chilipulver
1 EL Butter
4 Eier

Verwenden Sie die Blätter von Salat, am besten von Eisbergsalat, doch mal zum Füllen. Da haben Sie die frische Beilage gleich dabei.

35 Minuten

1 Die Oliven quer halbieren. Die Salatblätter waschen, trockenschwenken und je 1 auf einen Teller legen. Die Zwiebel abziehen und fein würfeln.

2 Das Pflanzenöl in einer Pfanne erhitzen und die Zwiebelwürfel darin glasig dünsten. Das Hackfleisch zugeben, krümelig braten und mit Tomatenmark anrösten.

3 Den Pfanneninhalt mit Tequila ablöschen und mit Salz, Pfeffer, Oregano und nach Belieben Chilipulver würzen. Die Oliven untermischen und das Ganze in den Salatblättern dekorativ anrichten.

4 In einer zweiten Pfanne die Butter zerlassen und die 4 Eier zu Spiegeleiern braten. Je ein Spiegelei auf das Hackfleisch setzen und mit Chilipulver bestäuben.

Tipp der Köchin

Dieses Gericht schmeckt nicht nur besonders gut, sondern sieht in den gebogenen Eisbergsalatblättern sehr hübsch aus. Dazu gibt es knuspriges Weißbrot oder Tacochips.

Für heiße Sommertage

Eiskalte Geflügelsuppe

Limetten spielen nicht nur in der Tex-Mex-Küche eine wichtige Rolle, sondern auch in Ländern wie Lateinamerika, Indien, Afrika und Südostasien. Limetten sollten fest und prall sein. Die Schale sollte tief grün, glatt und leicht glänzend sein. Bräunliche Flecken auf der Schale haben keinen Einfluss auf den Geschmack.

Limetten werden in der mexikanischen Küche gern verwendet. Die fruchtige Säure erfrischt angenehm und gibt dem Essen den letzten Schliff.

Für 4 Portionen

1 Suppenhuhn (etwa 1 1/4 kg)
1/2 Bund Suppengrün
1 Limette
1 Lorbeerblatt
1/2 Zimtstange
2 Gewürznelken
einige weiße Pfefferkörner
Salz
1 frische rote Chilischote
etwas Limettensaft

120 Minuten
Kühlzeit 6 Stunden

1 Das Suppenhuhn innen und außen gründlich waschen und in einen Topf legen. Mit so viel kaltem Wasser aufgießen, dass alles bedeckt ist. Zum Kochen aufstellen.

2 Das Suppengrün waschen und in grobe Stücke schneiden. Die Limette waschen und in Scheiben schneiden. Suppengemüse, Limettenscheiben, Lorbeerblatt, Zimtstange, Gewürznelken, Pfefferkörner sowie 1 Prise Salz in den Suppentopf geben.

3 Das Suppenhuhn bei mittlerer Hitze etwa 1 1/2 Stunden garen. Das fertige Huhn aus dem Topf nehmen, enthäuten und entbeinen und das Fleisch in 1/2 Zentimeter kleine Würfel schneiden.

4 Die Suppe durch ein mit einem Tuch ausgelegtes Sieb gießen und für mehrere Stunden zum Erkalten in den Kühlschrank stellen.

5 Chilischote waschen, längs aufschlitzen, entkernen und sehr fein würfeln. Zusammen mit den Hühnerfleischwürfeln und etwas Limettensaft vermischen. In eine Servierschale füllen.

6 Die erstarrte Fettschicht von der Hühnersuppe entfernen. Die Suppe kurz vor dem Servieren 30 Minuten ins Gefrierfach stellen. Je nach Belieben in eine Suppenschale etwas von der Hühnerfleischmischung geben, mit eiskalter Suppe aufgießen und aus der Schale trinken.

Tipp der Köchin

An einem heißen Sommertag ist diese eiskalte Suppe ein kulinarischer Segen. Die Limettenfrische und die Chilischärfe geben der Suppe einen Hauch von Karibik.

Herrliche Kombination

Grüne Erbsensuppe mit Mais

Für 4 Portionen

1 Zwiebel
2 Knoblauchzehen
1/2 Bund frischer Koriander
1 frische grüne Chilischote
1 Dose Gemüsemais
2 EL Butter
500 g grüne Erbsen (TK-Ware)
1 TL Maismehl
1 l Gemüsebrühe
Salz, schwarzer Pfeffer
200 g Sahne
1 Messerspitze Muskatblüte

40 Minuten

1 Zwiebel und Knoblauchzehen fein hacken. Koriander fein wiegen.

2 Chilischote waschen und Gemüsemais abtropfen lassen. Butter zerlassen und Zwiebel, Knoblauch und Erbsen andünsten.

3 Maismehl einrühren und mit Gemüsebrühe aufgießen. Die Chilischote einlegen und die Suppe nach dem ersten Aufkochen bei mittlerer Hitze etwa 15 Minuten kochen lassen. Mit Salz und Pfeffer würzen. Die Chilischote entfernen.

4 Die Suppe fein pürieren. Erneut erhitzen und mit Sahne sowie Koriandergrün verfeinern. Mais einrühren und etwa 5 Minuten ziehen lassen. Mit Muskatblüte abschmecken.

Für Knoblauchfans

Knoblauchsuppe mit Tortillastreifen

Für 4 Portionen

10 Knoblauchzehen
1/2 Bund frischer Koriander
3 Fleischtomaten
3 EL Pflanzenöl
1 l Fleischbrühe
Salz, schwarzer Pfeffer
Cayennepfeffer
1 TL getrocknetes Oregano
4 Tortillas
50 g flüssige Butter

40 Minuten

1 Knoblauch fein würfeln, Koriander fein hacken. Tomaten überbrühen, häuten und klein würfeln.

2 Pflanzenöl erhitzen und Knoblauch darin andünsten. Tomatenstücke einrühren und mit Fleischbrühe aufgießen.

3 Die Suppe bei mittlerer Hitze etwa 20 Minuten kochen lassen. Dabei mit Salz, Pfeffer, Cayennepfeffer und Oregano würzen.

4 Die Tortillas in Streifen schneiden, mit flüssiger Butter locker vermengen und kurz im Backofen oder in der Mikrowelle erwärmen.

5 Die Suppe mit Koriandergrün verfeinern und auf vorgewärmte, tiefe Teller verteilen. Mit Tortillastreifen belegen und sofort servieren.

Tipp der Köchin

Je nach Belieben die Knoblauchmenge reduzieren oder erhöhen. Die Knoblauchsuppe wird auch in klarer Form angeboten: Dazu den Knoblauch andünsten und mit Fleischbrühe verkochen. Zusätzlich zur Suppe saure Sahne reichen.

Knoblauch sollten Sie immer im Haus haben. Allerdings nicht im Kühlschrank, denn dort verliert er sein Aroma.

Ein Tex-Mex-Muss

Schwarze Bohnensuppe

Schwarze Bohnen sind die traditionelle Beilage zu den mexikanischen Burritos und Enchiladas und finden – wie im nebenstehenden Rezept – vor allem in Suppen und Salaten Verwendung.

Für 4–6 Portionen
300 g getrocknete schwarze Bohnen
2 Lorbeerblätter
Salz
2 Zwiebeln
2 Knoblauchzehen
100 g Frühstücksspeck
4 EL Pflanzenöl
200 g Pizzatomaten (gewürfelt aus der Packung)
1 1/4 l Gemüse- oder Fleischbrühe
schwarzer Pfeffer
1 TL getrockneter Oregano
Für die Garnitur:
100 g saure Sahne
gehackter frischer Koriander

Oregano lässt sich sehr gut trocknen und bewahrt sein Aroma etwa ein Jahr, wenn er luftdicht und dunkel aufbewahrt wird.

130 Minuten
8 Stunden Einweichzeit

1 Die Bohnen mit kaltem Wasser begießen und 8 Stunden oder über Nacht einweichen.

2 Die Bohnen mehrmals mit kaltem Wasser durchspülen und mit kaltem Wasser bedeckt zum Kochen aufsetzen. Lorbeerblätter und 1 Prise Salz zu den Bohnen geben und alles bei mittlerer Hitze etwa 1 1/4 Stunden kochen.

3 In der Zwischenzeit die Zwiebeln und die Knoblauchzehen abziehen und fein würfeln. Den Speck in kleine Würfel schneiden.

4 Die Bohnen abgießen. In einem Topf die Speckwürfel auslassen. Pflanzenöl, Zwiebel- und Knoblauchwürfel einrühren. Einige Minuten dünsten lassen und die Bohnen sowie die Pizzatomaten dazugeben und einige Minuten anbraten.

5 Den Topfinhalt mit Brühe aufgießen und aufkochen lassen. Bei mittlerer Hitze etwa 20 Minuten kochen und dabei mit Salz, Pfeffer und Oregano würzen. Die Suppe mit einem Mixstab grob pürieren.

6 Die Bohnensuppe nochmals abschmecken und in vorgewärmte, tiefe Teller verteilen. Mit je 1 Löffel saurer Sahne und frischem Koriander garnieren.

Tipp der Köchin

Als Variante können Sie nach dem selben Rezept auch eine rote Bohnensuppe mit getrockneten roten Bohnen zubereiten.

Klassiker

Gazpacho

Für 4 Portionen

4 Fleischtomaten
1 Zwiebel, 2 Knoblauchzehen
je 1 grüne und rote Paprikaschote
1 kleine Salatgurke
3 EL Olivenöl
1 TL Weißweinessig
2 Scheiben entrindetes Weißbrot
150 ml kalte Geflügelsuppe
Salz, schwarzer Pfeffer
1 EL gehackter frischer Koriander

30 Minuten
2 Stunden Kühlzeit

1 Tomaten überbrühen, häuten, entkernen und in kleine Würfel schneiden. Zwiebel und Knoblauchzehen fein würfeln. Paprikaschoten in 1/2 Zentimeter kleine Würfel schneiden. Die Salatgurke schälen, entkernen und grob würfeln.

2 Alle vorbereiteten Zutaten, bis auf 1/3 der Paprikastücke, im Küchenmixer mit Olivenöl, Essig, Weißbrot und Geflügelsuppe pürieren.

3 Die Suppe mit Salz und Pfeffer würzen und für 2 Stunden kühl stellen. Portionsweise mit Paprikawürfeln und dem gehackten Koriander servieren.

Gazpacho ist genau das Richtige für heiße Sommertage. Der große Pluspunkt: Sie können es prima vorbereiten.

Tipp der Köchin

Die kalte Gemüsesuppe stammt zwar ursprünglich aus Spanien, ist aber auf jeder Speisekarte der Tex-Mex-Küche zu finden.

Salate zum Sattessen

Ensaladas

Salatfans werden ebenso wie Salatmuffel von diesen Tex-Mex-Salaten begeistert sein. Vergessen Sie alles, was Sie über herkömmliche Salatkreationen wissen. Ob Gemüse, Früchte, Fleisch oder Fisch – hier werden die Zutaten bunt kombiniert und in immer neuem Einfallsreichtum aufeinander abgestimmt. Und an der nötigen Schärfe fehlt es natürlich auch nicht...

Exotisches Gaumenerlebnis

Mango-Papaya mit Gemüse

Tipp der Köchin

Wenn es schnell gehen soll, brauchen die Möhrchen nicht unbedingt im karamellisierten Zucker geschwenkt zu werden. Größere Möhren kann man auch mit 2 Knoblauchzehen raspeln und mit grob geschrotetem Pfeffer vermengen.

Für 4 Portionen

1/2 Bund frischer Koriander
je 1 grüne und rote Paprikaschote
1 kleiner Bund Frühlingsmöhrchen
1 EL Butter
1 TL brauner Zucker
Salz
1 Prise Cayennepfeffer
1 reife Papaya
1 reife Mango
200 g saure Sahne
Saft von 1/2 Limette
Saft von 1/2 Orange
ein paar Tropfen Tabasco
1 Prise Zucker

30 Minuten

1 Koriandergrün waschen, trockenschwenken, Blätter von den Stielen zupfen und fein hacken. Die Paprikaschoten waschen, entkernen und in dünne Streifen schneiden.

2 Die Frühlingsmöhrchen waschen, putzen, dabei das Grün entfernen und nur etwas davon fein hacken. Die Möhrchen ganz lassen oder je nach Belieben kleiner schneiden.

3 In einer Pfanne die Butter zerlassen und den Zucker karamellisieren. Die Möhrchen darin anschwenken und mit Salz und Cayennepfeffer würzen.

4 Papaya sowie Mango schälen und entkernen. Das Fruchtfleisch in 1/2 Zentimeter große Würfel schneiden. Auf einer größeren Servierplatte Mango, Papaya, Paprika und Möhrchen anrichten.

5 Saure Sahne mit dem frischen Koriander, Limetten- und Orangensaft, Tabasco und Zucker abschmecken. Löffelweise über den Salat geben und mit Möhrenkraut garnieren. Sofort servieren.

Achten Sie bei Mangos auf eine ausreichende Reife. Wenn die Früchte noch hart sind, schmecken sie sehr fad und haben kein Aroma. Reife Früchte duften angenehm süßlich und geben auf Druck leicht nach.

Ganz schön würzig

Kidneybohnensalat mit Zwiebeln

Für 4 Portionen

- 2 Eier, 2 große Zwiebeln
- 1/2 Bund frischer Koriander
- 100 g geräucherter Speck
- 2 Dosen Kidneybohnen
- 4 Blätter Römersalat
- 5 EL Pflanzenöl
- Saft von 1 Limette
- Salz, grob geschroteter Pfeffer
- 1 Prise Cayennepfeffer
- 50 g geraspelter Käse (z. B. Gouda)

30 Minuten

1 Eier hart kochen. Zwiebeln in feine Streifen schneiden. Koriandergrün fein wiegen. Eier 1-mal quer und 1-mal längs durch den Eierschneider drücken. Speck fein würfeln und in einer Pfanne auslassen.

2 Bohnen abtropfen lassen. Die Salatblätter waschen und je 1 auf einen Teller legen. Pflanzenöl mit Limettensaft, Koriander und Eierwürfeln verrühren. Mit Salz, Pfeffer und Cayennepfeffer kräftig würzen.

3 Bohnen, Zwiebeln und Speck mit der Salatsauce vermengen. Auf den Salatblättern anrichten. Mit Käse garnieren.

Der Kidneybohnensalat ist für Büfetts bestens geeignet, da er auch nach längerem Stehen noch appetitlich ist.

Tipp der Köchin

Der Salat schmeckt besonders gut, wenn Sie die Zwiebelstreifen mit Limettensaft vermengen und 30 Minuten ziehen lassen.

Macht schön satt

Herzhaftes Salatpotpourrie

Tipp der Köchin

Wem es noch nicht scharf genug ist, der kann die Salatsauce noch mit Cayennepfeffer oder Tabasco nachschärfen. Aber seien Sie vorsichtig: Auch bei Tabasco genügen schon ein paar Tropfen, um Feuer ins Essen zu bringen.

Für 4 Portionen

- 100 g geräucherter Speck (z. B. Frühstücksspeck)
- 250 g Hähnchenbrustfilet
- Salz, schwarzer Pfeffer
- 1 rote Zwiebel
- 1 Dose mexikanisches Gemüse (Erbsen, Kidneybohnen, Mais)
- 2 Eier
- 1/2 Eisbergsalat
- je 1 rote und grüne Paprikaschote
- 1 Dose Kichererbsen in Tomatensauce (ca. 400 g)
- 8 EL Pflanzenöl
- 5 EL Sherryessig
- 1 Prise Zucker
- 200 g saure Sahne
- 1 Packung Tacochips

40 Minuten

1 Den Speck fein würfeln. Das Hähnchenfleisch in dünne Streifen schneiden und mit Salz und Pfeffer würzen. Die Zwiebel abziehen und in dünne Ringe schneiden.

2 Das Dosengemüse in ein Sieb gießen und abtropfen lassen. Die Eier in etwa 10 Minuten hart kochen. In der Zwischenzeit den Eisbergsalat waschen, trockenschwenken und in feine Streifen schneiden. Paprikaschoten waschen, entkernen und ebenfalls in dünne Streifen schneiden.

3 Die Eier abgießen, mit kaltem Wasser abschrecken und pellen. Dann 1-mal längs und 1-mal quer durch den Eierschneider drücken. Die Kichererbsen in einem Topf bei mittlerer Hitze erwärmen. Gehackte Eier mit Pflanzenöl, Essig, Zucker, Salz und Pfeffer zu einer Sauce verrühren.

4 Zwiebeln, Salat, mexikanisches Gemüse und Paprikaschoten mit der Salatsauce locker vermengen und auf vier großen Tellern anrichten.

5 In einer heißen Pfanne den Speck anbraten, auf Küchenpapier abtropfen lassen und mit der sauren Sahne vermengen.

6 Die Hähnchenstreifen in dem Speckfett von allen Seiten knusprig braun braten und über dem Salat verteilen. Die Kidneybohnen in Portionsschalen füllen und in die Mitte des Salats oder daneben stellen. Rund um die Teller Tacochips legen und zum Dippen die Specksahne reichen.

Ausgelassener Speck mit saurer Sahne ist der ideale Dip für das herzhafte Salatpotpourrie.

Bunt und würzig

Tex-Mex-Salat mit Tortillastreifen

Für 4 Portionen

- je 1 grüne und rote Paprikaschote
- 5 Frühlingszwiebeln
- 20 Kirschtomaten
- 1 kleiner Zucchino
- 1 große Möhre
- 1 Dose Gemüsemais (Abtropfgewicht 285 g)
- 100 g schwarze Oliven
- 4 Knoblauchzehen
- 1/2 Bund frischer Koriander
- 5 EL Olivenöl
- 2 EL Sherryessig
- 1 TL Saft von 1 Limette (ersatzweise Zitrone)
- 1 TL scharfer Senf
- Salz, schwarzer Pfeffer
- Cayennepfeffer
- 4 erwärmte Tortillas (Rezept Seite 50f. oder Fertigprodukt)

30 Minuten

1 Paprikaschoten waschen, entkernen und in 1 Zentimeter große Stücke schneiden. Frühlingszwiebeln putzen und grob hacken. Kirschtomaten waschen und je nach Größe halbieren.

2 Den Zucchino waschen, Stielansatz entfernen, längs halbieren und quer in Scheibchen schneiden. Die Möhre schälen, halbieren und passend zur Zucchini schneiden.

3 Den Mais in ein Sieb gießen und abtropfen lassen. Alle vorbereiteten Zutaten und die Oliven in einer Schüssel locker vermengen.

4 Knoblauch abziehen und fein würfeln. Koriander waschen, trockenschwenken, Blätter von den Stielen zupfen und fein hacken. Knoblauch und Koriander mit Olivenöl, Essig, Limettensaft und Senf zu einem Dressing verrühren. Mit Salz, Pfeffer sowie Cayennepfeffer nach Belieben würzen und mit den Salatzutaten vermischen.

5 Den Salat auf vier große Teller verteilen. Die Tortillas in Streifen schneiden und darüber streuen.

Tipp der Köchin

Besonders appetitlich wirkt der Tex-Mex-Salat, wenn Sie ihn in Tostadas (Rezept Seite 50) anrichten und zusätzlich mit geriebenem Käse garnieren.

Gemüsepaprika ist der große Verwandte des Gewürzpaprika, zu dem Chili zählt, ist aber längst nicht so scharf. Paprikaschoten enthalten reichlich Vitamin C und sollten daher am besten roh verzehrt werden. Da grüner Paprika geerntet wird, bevor er voll ausgereift ist, enthält er nicht ganz so viel Vitamin C wie roter oder oranger Paprika.

Wunderbarer Tex-Mex-Mix

Spinatsalat mit weißen Bohnen

Für 4 Portionen

1 Glas weiße Bohnen
200 g frische, zarte Spinatblätter
2 Fleischtomaten
1 Zwiebel
2 Knoblauchzehen
200 g saure Sahne
1 EL Olivenöl
Salz, schwarzer Pfeffer
Chilipulver
1 Packung Tortillachips

30 Minuten

1 Bohnen abtropfen lassen. Spinatblätter waschen und in Streifen schneiden. Tomaten häuten, entkernen und in kleine Würfel schneiden. Zwiebel und Knoblauchzehen fein würfeln. Mit der sauren Sahne und dem Olivenöl verrühren. Mit Salz, Pfeffer und Chilipulver würzen.

2 Spinatstreifen auf vier Tellern ringförmig anrichten und mit etwas Sauce überziehen. Tomaten und Bohnen vermischen, mit Salz und Pfeffer würzen und in die Mitte des Spinatrings geben. Ebenfalls mit Sauce überziehen und mit Chilipulver bestäuben. Tortillachips in die Salatportionen stecken.

Junger Spinat schmeckt hervorragend als Salat. Besonders, wenn noch weiße Bohnen und Tomaten dazukommen.

Tipp der Köchin

Verwenden Sie, wenn möglich, frischen Spinat. Tiefkühlspinat würde ich nicht empfehlen. Als Alternative lieber frischen Feldsalat oder Mangold verwenden.

Auch für Salatmuffel

Hähnchen mit Tacos und Kakteensalsa

Als Auftakt zum Salat einen gut gekühlten Tomatensaft mit Selleriestangen zum Umrühren servieren. Gewürze wie Salz, Pfeffer und Tabasco bereitstellen.

Für 4 Portionen

500 g Hähnchenbrustfilet
Salz, schwarzer Pfeffer
einige Tropfen Tabasco
4 Romanasalatherzen
1 Dose Gemüsemais (Abtropfgewicht 285 g)
1 frische rote Chilischote
1 rote Paprikaschote
100 g saure Sahne
50 g Mayonnaise
50 g Kakteensalsa (als Fertigprodukt erhältlich, 200 g Cactus Salsa medium)
4 EL Pflanzenöl
1 Packung Tacochips
Chilipulver nach Geschmack

30 Minuten

Das Kakteensalsa, das es schon fertig zu kaufen gibt, verleiht dem Hähnchen mit Salat eine ganz besondere Note. Probieren Sie's aus!

1 Das Hähnchenfleisch waschen, trockentupfen und in dünne Streifen schneiden. Mit Salz, Pfeffer und Tabasco würzen. Die Salatherzen waschen, trockenschwenken und quer in Streifen schneiden. Den Mais in ein Sieb gießen und abtropfen lassen.

2 Die Chilischote waschen, längs aufschlitzen, entkernen und grob zerschneiden. Die Paprikaschote waschen, entkernen und in 1/2 Zentimeter große Würfel schneiden.

3 100 Gramm Maiskörner mit saurer Sahne, Mayonnaise und Kakteensalsa im Küchenmixer pürieren. Auf vier großen Tellern Salatbetten anrichten und diese mit der Hälfte der Salatsauce überziehen.

4 Das Pflanzenöl erhitzen und die Fleischstreifen von allen Seiten knusprig braun anbraten. Zusammen mit den restlichen Maiskörnern über dem Salat verteilen, mit der restlichen Sauce überziehen und mit Paprikastücken garnieren.

5 Tacochips rund um die Salate legen und in die Sauce stecken. Die Salate mit Chilipulver bestäuben.

Tipp der Köchin

Falls Sie kein Kakteensalsa bekommen, können Sie auch einfach ein feuriges grünes oder rotes Chutney mit Chilis verwenden.

Für Gäste

Grüner Salatkorb mit Garnelen

Tipp der Köchin

Nach Belieben können Sie die Bohnen und die Salatsauce mit Knoblauch verfeinern.

Für 4 Portionen

- 200 g grüne Bohnen (auch TK-Ware)
- 400 g geschälte Garnelen
- Salz, schwarzer Pfeffer
- 1 frische rote Chilischote
- 1/2 Limette
- 2 EL Butter
- 50 ml trockener Weißwein
- 4 Kopfsalatherzen
- 1 Eigelb
- 1 TL scharfer Senf
- 100 ml Olivenöl

40 Minuten

1 Die Bohnen putzen, waschen und halbieren. Tiefkühlbohnen auftauen lassen. Die Garnelen waschen, mit Küchenpapier trockentupfen und mit Salz und Pfeffer würzen. Die Chilischote waschen, längs aufschlitzen, entkernen und fein würfeln. Die Limette auspressen.

2 In einer Pfanne die Butter heiß schäumend erhitzen und darin die Bohnen und Chiliwürfel knapp 10 Minuten dünsten. Unter gelegentlichem Rühren mit Salz und Pfeffer würzen und mit Weißwein begießen.

3 In der Zwischenzeit die Kopfsalatherzen entblättern, waschen und trockenschwenken. Für die Salatsauce mit den Quirlen eines elektrischen Handrührgeräts Eigelb und Senf cremig rühren. Langsam das Olivenöl zugießen und aufschlagen. Die Salatsauce mit Limettensaft, Salz und Pfeffer würzen. Die Garnelen unter die Bohnen mischen und das Ganze etwas ziehen lassen.

4 Auf vier großen Tellern die Kopfsalatherzen zu Körben anrichten und löffelweise mit Salatsauce beträufeln. Die Bohnen-Garnelen-Pfanne in den Salatkörben hübsch anrichten und sofort servieren.

Garnelen werden im Handel häufig tiefgefroren angeboten. Falls diese noch nicht geschält sind, lösen Sie die Schale am besten, wenn die Garnelen leicht angetaut sind.

Scharf-würzig

Taco-Salat mit Chipotles

Für 4 Portionen

- 2 getrocknete Chipotle-Chilis (ersatzweise andere getrocknete)
- 1 EL Tomatenmark
- 200 ml Gemüsebrühe
- 4 EL Pflanzenöl
- 2 EL Sherryessig
- 1 TL Zucker
- Salz, schwarzer Pfeffer
- 4 Fleischtomaten
- 4 Frühlingszwiebeln
- 4 Knoblauchzehen
- 1/2 Eisbergsalat
- 200 g Guacamole (Rezept Seite 19)
- 1 Packung Tacochips

40 Minuten

1 Eine beschichtete Pfanne erhitzen und die getrockneten Chilis darin einige Minuten braten, bis sie schwarze Stellen haben. Tomatenmark mit 100 Milliliter Gemüsebrühe und Pflanzenöl vermischen und in die Pfanne rühren.

2 Den Pfanneninhalt bei mittlerer Hitze und häufigerem Rühren etwa 15 Minuten kochen, bis alles eingedickt ist. Mit Essig, Zucker und restlicher Gemüsebrühe im Küchenmixer pürieren. Mit Salz und Pfeffer würzen.

3 Fleischtomaten waschen, Stielansätze entfernen, in Scheiben schneiden und auf vier Teller verteilen. Mit etwas Dressing aus dem Mixer beträufeln.

4 Frühlingszwiebeln putzen und hacken. Knoblauch abziehen und in Scheiben schneiden. Beides zusammen über die Tomatenscheiben streuen; ebenfalls mit Dressing beträufeln.

5 Eisbergsalat waschen, trockenschwenken und in feine Streifen schneiden. Mit restlichem Dressing vermischen und über den Tomatenscheiben verteilen. Die Guacamole löffelweise auf die Salatbetten geben und Tacochips einstecken. Die restlichen Chips dazu servieren.

Tipp der Köchin

Vom Urlaub, egal in welchem Land, sollten Sie getrocknete Chilis mitbringen – man kann sie zum Würzen zahlreicher Gerichte verwenden.

Wenn Sie ihn nicht ohnehin zu Hause haben, sollten Sie sich den in diesem Rezept verwendeten Sherryessig unbedingt besorgen. Der beste Sherryessig kommt aus Spanien und ist eine Köstlichkeit.

Frühlingszwiebeln sind im Geschmack etwas schärfer als Schnittlauch, aber milder als Zwiebeln. Daher können sie besonders gut roh verwendet werden.

Schmeckt nach Meer

Gärtnersalat mit Fischstreifen

Für 4 Portionen
500 g weißes Fischfilet (Seehecht, Heilbutt etc.)
1 Limette
Salz, schwarzer Pfeffer
1 Römersalat
1 große Möhre
100 g grüne Oliven mit Paprikafüllung
2 Knoblauchzehen
6 EL Pflanzenöl
1 TL Dijonsenf
3 EL Weißweinessig
2 Eier
2 EL Milch (ersatzweise Sahne oder Wasser)
Tabasco nach Geschmack
2 EL Butter
1 EL gehackter frischer Koriander (ersatzweise Petersilie)

30 Minuten

1 Das Fischfilet unter fließend kaltem Wasser waschen, mit Küchenpapier trockentupfen und in schmale Streifen schneiden. Die Limette auspressen. Das Fischfilet mit Salz, Pfeffer und dem Limettensaft würzen.

2 Den Salat waschen, trockenschwenken und quer in Streifen schneiden. Die Möhre waschen, schälen und in dünne Streifen schneiden. Die Oliven in Scheibchen schneiden.

3 Für das Dressing die beiden Knoblauchzehen abziehen und durch eine Presse in das Pflanzenöl drücken. Zusammen mit Senf und Weißweinessig mit einem kleinen Schneebesen aufschlagen. Das Dressing mit Salz und Pfeffer würzen.

4 Die Eier mit Milch und Tabasco verschlagen. In einer Pfanne die Butter heiß schäumend erhitzen. Die Fischstreifen durch die Eiermilch ziehen und in der Butter von allen Seiten goldgelb braten.

5 Die Salat- und Möhrenstreifen mit der Salatsauce locker vermengen und auf vier großen Tellern anrichten. Die Fischstreifen und die Olivenscheiben darüber geben und mit dem frischen Koriander bestreuen.

Tipp der Köchin

Der Salat sieht in Tacoschalen serviert besonders hübsch aus. Zum Salat am besten ofenfrisches Weißbrot und Guacamole (Seite 19) servieren.

Fischfilets bekommen Sie schon fertig im Fischgeschäft oder an der Fischtheke im Supermarkt. Sie können ansonsten auch auf tiefgefrorene Filets zurückgreifen. Der Gärtnersalat wird durch die gebratenen Fischstreifen angenehm sättigend, ohne schwer im Magen zu liegen.

Vor- und Hauptspeise in einem

Gefüllte Tostadas mit Jalapeño

Tostadaschalen sind frittierte Tortillaschalen, die es bereits fertig in Asienläden oder auch in gut sortierten Supermärkten zu kaufen gibt.

Die Haut frischer Tomaten entfernen Sie am einfachsten, indem Sie sie mit kochend heißem Wasser überbrühen und dann mit kaltem Wasser abschrecken. Die Kerne lösen sich fast von allein, wenn Sie die Tomaten vierteln und die Stielansätze herausschneiden.

Für 4 große Portionen

- 1/2 Eisbergsalat
- 1 eingelegte Jalapeñoschote (im Glas)
- 2 Fleischtomaten
- 250 g geschälte Shrimps
- 1 Dose Kidneybohnen (Abtropfgewicht 255 g)
- 2 Knoblauchzehen
- 4 Tostadaschalen
- Salz, Pfeffer
- 200 g saure Sahne
- 50 g geraspelter Cheddarkäse
- 2 Rindersteaks à 150 g
- 2 EL Pflanzenöl

35 Minuten

1 Eisbergsalat waschen, trockenschwenken und in feine Streifen schneiden.

2 Die Jalapeñoschote abtropfen lassen und in Scheiben schneiden.

3 Die Fleischtomaten mit heißem Wasser überbrühen, häuten, entkernen und in kleine Würfel schneiden. Die Shrimps waschen und abtropfen lassen. Die Kidneybohnen in ein Sieb gießen und ebenfalls abtropfen lassen.

4 Die Knoblauchzehen abziehen und durch eine Presse drücken. Die Bohnen, die Tomatenwürfel und den Knoblauch locker vermengen. Je 1 Tostadaschale auf einem großen Teller platzieren und mit Salatstreifen füllen. Einen Teil Shrimps darauf legen und alles mit Salz und Pfeffer würzen.

5 Die saure Sahne mit den Käseraspeln verrühren und je 1 Esslöffel davon über die Shrimps geben. Darüber die Bohnenmischung verteilen und mit den restlichen Shrimps belegen. Die Salatsauce darüber träufeln.

6 Die Steaks in dünne Streifen schneiden und mit Salz und Pfeffer würzen. In einer Pfanne das Öl stark erhitzen und die Fleischstreifen darin von allen Seiten knusprig braun braten. Die Steakstreifen zusammen mit den Jalapeñoscheiben auf dem Salat anrichten. Sofort servieren.

Macht Lust auf mehr

Tostada mit Bohnenpüree

Für 4 Portionen
5 frische rote Chilischoten
1 große Zwiebel
3 Knoblauchzehen
1 Dose Kidneybohnen
2 EL Olivenöl
200 g Pizzatomaten (gewürfelt aus der Packung)
Salz, schwarzer Pfeffer
1/2 TL getrockneter Oregano
1/2 Römersalat
4 Tostadaschalen

30 Minuten

1 1 Chilischote entkernen und würfeln. Zwiebel in dünne Ringe schneiden. Knoblauchzehen hacken.

2 Bohnen abtropfen lassen, den Sud auffangen. Bohnen mit 2 Esslöffeln Sud, Knoblauch und Chili grob pürieren. Olivenöl erhitzen und Bohnenmus 5 Minuten dünsten. Tomaten hinzufügen, weitere 5 Minuten dünsten und würzen.

3 Salat in Blätter teilen, waschen und quer in Streifen schneiden. In die Tostadas geben. Das Bohnenpüree darauf verteilen und mit Zwiebelringen belegen. Je eine Chilischote in das Bohnenmus stecken.

Hier bleibt nichts übrig: Die Tostada werden mit dem scharfen Bohnenpüree verputzt.

Tipp der Köchin

Es dauert ein bisschen länger, wenn Sie die Tostadas (Rezept Seite 50) selbst herstellen. Wer keine Tostadas bekommt, kann den Salat auch solo verzehren, oder servieren Sie ihn mit Tacochips.

Tortillas und Gemüse

Tortillas y verdura

Eines ist klar: Die Tex-Mex-Küche ist nicht gerade für Vegetarier gemacht, denn Gemüse ist selten ein eigenständiges Gericht, es dient vielmehr als Beilage zu Fleisch oder Fisch oder wird mit Tortillas gegessen. Die Grundzutaten sind meist Bohnen, Zwiebeln, Paprika oder Reis. In diesem Kapitel erfahren Sie nun auch endlich, wie man Tortillas selbst zubereitet. Sie werden sehen, es ist gar nicht so schwer…

Tipp der Köchin

Sobald sich die Tortillas beim Backen etwas aufblasen, können Sie sie mit einem Spatel oder Pfannenheber flach drücken.

Grundrezepte

Weizen-Mais-Tortillas

Für 12 Stück

150 g Weizenmehl
150 g Maismehl
1 TL Pflanzenöl
1 TL Salz
150 ml lauwarmes Wasser
Mehl für die Arbeitsfläche
3 EL Pflanzenöl zum Backen

70 Minuten
Ruhezeit 30 Minuten

1 Die beiden Mehlsorten in eine Schüssel sieben und miteinander vermischen. Mit Pflanzenöl, Salz und etwa 150 Milliliter lauwarmem Wasser zu einem geschmeidigen Teig kneten.

2 Den Teig auf einer bemehlten Arbeitsfläche kräftig durchkneten. Dann in 12 Portionen teilen, mit Folie abdecken und für 30 Minuten ruhen lassen.

3 Mit einem Teigroller die Teigportionen zu dünnen Fladen, möglichst zwischen Klarsichtfolie, von 14 bis 16 Zentimeter Durchmesser ausrollen.

4 Die Tortillas nacheinander in einer beschichteten heißen Pfanne auf einem dünnen Pflanzenölfilm backen. Jede Seite 1 bis 2 Minuten backen, bis die Pfannkuchen Blasen werfen und einzelne braune Flecken zeigen. Zugedeckt im Backofen warm halten.

Weizen spielt in der Tex-Mex-Küche nicht so eine große Rolle wie in der europäischen, doch zusammen mit Mais wird er für die Zubereitung von Tortillas gern verwendet, da diese dann besser zu backen sind als mit Mais allein.

Varianten

Tacoschalen

Die noch warmen Tortillas aus der Pfanne halbmondförmig um ein Nudelholz wickeln und abkühlen lassen. Tacoschalen können auch anders geformt werden: Die noch warmen Tortillas aus der Pfanne einzeln in eine Schale legen und mit dem Handrücken an den Rand drücken. Am besten eine kleinere zweite Schale darauf stellen. Die Tortillas müssen vollständig erkalten, damit sie diese Form beibehalten und gut gefüllt werden können.

Tostadas

Die noch warmen Tortillas zwischen zwei Haarsiebe klemmen, kurz in siedend heißes Fett tauchen und auf Küchenpapier abtropfen. Durch das Frittieren werden sie schön knusprig und behalten ihre Form besser. Als Füllung für die Tostadas eignet sich z. B. Bohnenpüree (Rezept Seite 47).

Grundrezept

Weizentortillas

Für 12 Stück

300 g Weizenmehl
1 TL Backpulver
50 g Sahne
1 TL Salz
100 ml lauwarmes Wasser
Mehl für die Arbeitsfläche
2 EL Pflanzenöl zum Backen

70 Minuten
Ruhezeit 30 Minuten

1 In eine Schüssel das Weizenmehl und das Backpulver sieben. Mit der Sahne, dem Salz und dem Wasser zu einem geschmeidigen Teig kneten.

2 Den Teig zu einem Kloß formen, in Klarsichtfolie hüllen und etwa 30 Minuten ruhen lassen.

3 Den Teig auf einer bemehlten Arbeitsfläche nochmals kräftig durchkneten und in 12 Kugeln teilen. Jede Kugel mit einem Teigroller zu einem Pfannkuchen von 14 bis 16 Zentimeter Durchmesser ausrollen.

4 Die Pfannkuchen nacheinander in einer Pfanne auf einem Pflanzenölfilm backen. Das dauert pro Seite etwa 1 Minute, bis dunkle Flecken und Blasen zu sehen sind.

5 Die fertigen Tortillas mit einem Tuch abdecken und im Backofen warm halten.

Grundrezept

Maistortillas

Für 12 Stück

300 g Maismehl »Masa Harina«
1 TL Salz
2 EL Pflanzenöl
120 ml Wasser
Mehl für die Arbeitsfläche
2 EL Pflanzenöl zum Backen

70 Minuten
Ruhezeit 30 Minuten

1 Maismehl mit Salz, Pflanzenöl und Wasser zu einem geschmeidigen Teig kneten.

2 Den Teig zu 12 Kugeln formen, mit Klarsichtfolie abdecken und 30 Minuten ruhen lassen.

3 Die Teigkugeln auf einer bemehlten Arbeitsfläche zu Pfannkuchen von 14 bis 16 Zentimeter Durchmesser ausrollen.

4 Die Maistortillas in einer beschichteten heißen Pfanne einzeln in etwa 3 Minuten backen. Bei sofortigem Verzehr die Tortillas einzeln zwischen Küchentüchern warm halten.

Mais ist das Hauptgetreide der Tex-Mex-Küche. Die Original-Tortillas werden mit reinem Maismehl, am besten mit »Masa Harina«, gebacken, und auch die ganzen Maiskörner werden in vielen Gerichten verwendet.

Wussten Sie, dass Erbsen bereits vor mehr als 4000 Jahren in China angebaut wurden und schon bei den Griechen und Römern äußerst beliebt waren? Die Chinesen waren es vermutlich auch, die als Erste Erbsen als Gemüse zubereiteten. Erst im 16. Jahrhundert wurde die Erbse in Europa bekannt. Gegarte Erbsen enthalten wichtige Mineralstoffe wie Kalium und Magnesium und das Vitamin Folsäure.

Herzhaft und scharf

Mexikanische Erbsenpfanne

Für 4 Portionen

- 100 g roher Schinken
- 1 rote Paprikaschote
- 1 frische rote Chilischote
- 1 Zwiebel
- 1/2 Bund glatte Petersilie
- 250 g saure Sahne
- 4 EL Pflanzenöl
- 500 g Erbsen (tiefgekühlt)
- 100 ml Gemüse- oder Geflügelbrühe
- Salz, schwarzer Pfeffer
- Tabasco nach Geschmack
- 1 Limette

20 Minuten

1 Den Schinken klein würfeln. Die Paprikaschote waschen, entkernen und in 1/2 Zentimeter große Würfel schneiden. Die Chilischote waschen, längs aufschlitzen, entkernen und klein würfeln.

2 Die Zwiebel abziehen und fein würfeln. Die Petersilie waschen, trockenschwenken, die Blättchen von den Stielen zupfen und fein hacken. Petersilie zusammen mit der sauren Sahne verrühren.

3 In einer breiten Pfanne das Pflanzenöl erhitzen und darin Schinken-, Zwiebel- und Paprikawürfel dünsten. Die Erbsen hinzufügen, einige Minuten mitdünsten und alles mit Brühe aufgießen.

4 Den Pfanneninhalt bei mittlerer Hitze 5 bis 8 Minuten kochen lassen und dabei mit Salz, Pfeffer und Tabasco würzen. Sobald die Flüssigkeit fast verdampft ist, die Pfanne vom Herd ziehen.

5 Die Limette auspressen. Die Erbsenpfanne mit dem Limettensaft abschmecken und mit der Petersiliensahne garnieren.

Tipp der Köchin

Unter die Erbsenpfanne können Sie auch zusätzlich Maiskörner und Reis mengen. Das sieht besonders hübsch aus und ist für Grillgerichte die ideale Beilage.

Erbsen können Sie wunderbar tiefgefroren verwenden. Durch die schonende Verarbeitung bleiben die Nährstoffe weitgehend erhalten.

Die Arbeit lohnt sich

Scharfes Bohnenmus zum Dippen

Für 4–6 Portionen

250 g getrocknete Bohnen (Limabohnen, Feuerbohnen oder schwarze Bohnen)
Salz
5 Knoblauchzehen
8 EL Pflanzenöl
schwarzer Pfeffer
Chilipulver nach Geschmack
1 Packung Tacochips

100 Minuten
8 Stunden Einweichzeit

1 Die Bohnen in reichlich kaltem Wasser etwa 8 Stunden oder über Nacht einweichen. In einem Sieb gründlich abspülen und mit kaltem Wasser bedeckt zum Kochen aufstellen.

2 Die Bohnen mit einer Prise Salz in etwa 1 1/2 Stunden weich kochen. Dann in einem Sieb abtropfen lassen; dabei 1/8 Liter Sud auffangen. Die Knoblauchzehen abziehen.

3 Die Bohnen mit Knoblauch, Bohnensud und Pflanzenöl im Küchenmixer grob pürieren. Mit Salz, Pfeffer und Chilipulver kräftig würzen. Sofort mit den Chips servieren.

Hülsenfrüchte werden in der Tex-Mex-Küche in allen Variationen verwendet; am liebsten als Dip für Tacos oder als Füllung für Tortillas.

Tipp der Köchin

Das Bohnenmus in Portionsschälchen zum Dippen der Tacos servieren.

Wussten Sie, dass Bohnen schon vor mehr als 7000 Jahren von Indianerstämmen in Mexiko und Peru angebaut wurden? Auch heute noch zählen Bohnen in Lateinamerika, Asien und Afrika zu den wichtigsten Grundnahrungsmitteln.

Kreuzkümmel ist ein wichtiges Gewürz in der Tex-Mex-Küche. Damit sich sein Aroma voll entfalten kann, sollten Sie die ganzen Samen kurz rösten und dann zerstoßen. Fertig gemahlener Kreuzkümmel bleibt nicht so lange frisch wie die ganzen Samen.

Kräftig deftig

Gebackene Bohnen mit Speck

Für 8 Portionen

500 g gemischte getrocknete Bohnen (rot, schwarz und gesprenkelt)
Salz
2 große Zwiebeln
5 Knoblauchzehen
4 Fleischtomaten
200 g Räucherspeck
4 EL Pflanzenöl
2 EL Tomatenmark
schwarzer Pfeffer
1 EL Kreuzkümmel
1 TL getrockneter Oregano
1 TL getrockneter Thymian
Chilipulver nach Geschmack

130 Minuten
8 Stunden Einweichzeit

1 Die Bohnen in genügend Wasser etwa 8 Stunden oder über Nacht einweichen. Mit kaltem Wasser mehrmals gründlich spülen und mit kaltem Wasser bedeckt zum Kochen aufstellen. 1 Teelöffel Salz zugeben und etwa 1 1/2 Stunden bei mittlerer Hitze garen.

2 Die Zwiebeln und die Knoblauchzehen abziehen und fein würfeln. Die Tomaten mit kochend heißem Wasser überbrühen, häuten, die Kerne entfernen und das Fruchtfleisch klein würfeln. Den Speck in kleine Würfel schneiden.

3 Die Bohnen in ein Sieb gießen, abtropfen lassen und etwa 1/4 Liter Sud auffangen. In einem breiten Topf den Speck auslassen. Das Pflanzenöl zugießen und Zwiebel- und Knoblauchwürfel darin einige Minuten glasig dünsten.

4 Die Bohnen zu der Speck-Zwiebel-Knoblauch-Mischung geben, kurz mitdünsten und mit dem Tomatenmark durchrösten.

5 Den Pfanneninhalt mit dem Bohnensud aufgießen und die Tomaten einrühren. Mit Salz, Pfeffer, Kreuzkümmel, Oregano, Thymian und Chilipulver kräftig würzen. Die Masse bei kleiner Hitze etwa 15 Minuten eindicken lassen.

Tipp der Köchin

Nach Geschmack und Einkaufsmöglichkeiten können Sie die Bohnen individuell auswählen. Am beliebtesten sind die roten Kidneybohnen, aber auch schwarze Bohnen eignen sich gut. Und noch ein Tipp: Dieses Gericht schmeckt aufgewärmt noch besser. Es lässt sich gut vorbereiten und eignet sich besonders gut für viele Gäste.

Sehr beliebt

Zwiebelgemüse mit Chili

Für 4 Portionen
- 3 große Zwiebeln
- 2 Knoblauchzehen
- 1 Limette
- 2 frische Chilischoten
- 100 ml Pflanzenöl
- Salz
- grob geschroteter schwarzer Pfeffer

40 Minuten

1 Die Zwiebeln und die Knoblauchzehen abziehen und beides in feine Streifen schneiden. Die Limette auspressen und den Saft mit Zwiebel- und Knoblauchstreifen vermengen.

2 Die Chilischoten waschen, längs aufschlitzen, entkernen und fein würfeln. Zwiebeln und Knoblauch mit dem Limettensaft in einem breiten Topf erhitzen. Sobald der Saft aufgesogen ist, das Pflanzenöl zugießen und die Chiliwürfel einrühren.

3 Den Topfinhalt etwa 30 Minuten dünsten lassen und dabei immer wieder umrühren. Mit Salz und Pfeffer würzen. Das Zwiebelgemüse mit Chili heiß, lauwarm oder kalt genießen.

Hier spielen Zwiebeln mal die Hauptrolle: Das Zwiebelgemüse mit Chili wird alle Zwiebelfans begeistern.

Tipp der Köchin

Das Zwiebelgemüse mit Chili wird als Topping für gegrillte Steaks oder für Baked Potatoes äußerst gern verwendet.

Passt immer

Gemüsepfanne mit Käse

Tipp der Köchin

Sie können selbstverständlich das Gericht mit Gemüse Ihrer Wahl variieren. Köstlich schmeckt es auch, wenn Sie das Gemüse in eine feuerfeste Form geben und mit Käse im Ofen überbacken.

Für 4 Portionen

- je 1 rote und grüne Paprikaschote
- 1 große Möhre
- 1 Zucchino
- 1 kleine Dose Gemüsemais (Abtropfgewicht 285 g)
- 1 frische Chilischote
- 1 Zwiebel
- 2 Knoblauchzehen
- 5 EL Pflanzenöl
- 100 g milde, eingelegte Jalapeñoscheibchen (Glas)
- Salz, schwarzer Pfeffer
- 1 TL Kreuzkümmel
- 1 Messerspitze gemahlene Muskatblüte (Macis)
- 25 g Kräuterbutter (1 Portionsstück)
- 100 g Chesterkäse

40 Minuten

1 Die Paprikaschoten waschen, entkernen und in Streifen schneiden.

2 Die Möhre schälen und in dünne Scheiben schneiden. Den Zucchino waschen, die Stielenden entfernen und den Zucchino passend zur Möhre in feine Scheiben schneiden.

3 Den Gemüsemais in einem Sieb abtropfen lassen. Die Chilischote waschen, längs aufschlitzen, entkernen und fein würfeln. Die Zwiebel und die Knoblauchzehen abziehen und fein würfeln.

4 In einer breiten Pfanne das Pflanzenöl erhitzen und Zwiebel-, Knoblauch- und Chiliwürfel andünsten. Nacheinander das vorbereitete Gemüse sowie die Jalapeñoscheiben einstreuen und mitdünsten.

5 Das Gemüse mit Salz, Pfeffer, Kreuzkümmel und Muskatblüte würzen; die Kräuterbutter zugeben und unter Rühren schmelzen lassen. Den Chesterkäse klein würfeln.

6 Den Käse auf das Gemüse legen und die Pfanne mit einem Deckel verschließen. Die Hitze dabei etwas reduzieren. Sobald der Käse geschmolzen ist, das Gemüse in der Pfanne servieren.

Zucchini sind nicht nur für das französische Ratatouille eine wichtige Zutat, sondern auch für diese bunte mexikanische Gemüsepfanne mit Käse.

Chilischarf

Grüner Reis

Für 4 Portionen

- 1 Zwiebel
- 2 Knoblauchzehen
- 2 frische grüne Chilischoten
- 1/2 Bund frischer Koriander
- 1 grüne Paprikaschote
- 3 EL Pflanzenöl
- 250 g Langkornreis
- 600 ml Gemüsebrühe
- Salz, schwarzer Pfeffer

40 Minuten

1 Zwiebel und Knoblauch abziehen und fein würfeln. Die Chilischoten waschen, eine entkernen und fein würfeln. Koriander waschen, trockenschwenken, Blätter von den Stielen zupfen und fein hacken.

2 Die Paprikaschote waschen, entkernen, weiße Trennwände entfernen und in 1/2 Zentimeter große Würfel schneiden. Den Backofen auf 200 °C (Umluft 180 °C, Gas Stufe 3–4) vorheizen.

3 In einem Bräter das Pflanzenöl erhitzen und darin die Zwiebel-, Knoblauch- und Chiliwürfel andünsten. Reis und Paprikawürfel hinzufügen und alles unter Rühren 2 Minuten braten.

4 Den Bräterinhalt mit der Gemüsebrühe ablöschen und aufkochen lassen. Mit Salz und Pfeffer würzen und die ganze Chilischote einlegen.

5 Den Bräter in den vorgeheizten Backofen schieben und den Reis in etwa 25 Minuten garen. Zwischendurch 1- bis 2-mal umrühren, damit die Flüssigkeit gut aufgesogen wird und der Reis nicht anklebt.

6 Den fertigen Reis im ausgeschalteten Ofen 5 bis 10 Minuten nachziehen lassen. Den Koriander unterheben und den Reis im Bräter servieren.

Nach Weizen ist Reis weltweit die am häufigsten angebaute Getreideart. Dabei kommen 94 Prozent der Weltproduktion allein aus Asien. Dort ist Reis auch das wichtigste Grundnahrungsmittel. In Südamerika war Reis zunächst unbekannt, bis die Spanier ihn im 17. Jahrhundert bei ihren Eroberungszügen importierten.

Weißen Reis sollten Sie möglichst als Parboiled-Reis kaufen. Durch ein spezielles Verfahren enthält er noch wichtige Vitamine und Mineralstoffe.

Tipp der Köchin

Je nach gewünschtem Schärfegrad beide Chilischoten würfeln. Der grüne Reis kann auch mit Erbsen oder grünen Bohnen variiert werden. Als Beilage zu Enchilada oder zu einem Chili servieren.

Auch solo ein Genuss

Roter Reis mit Mais

Für 4 Portionen

1 rote Paprikaschote
1 frische rote Chilischote
5 Frühlingszwiebeln
100 g Chorizo
(scharfe spanische Paprikawurst)
1 Dose Gemüsemais
(Abtropfgewicht 285 g)
3 EL Pflanzenöl
250 g Langkornreis
600 ml Gemüse- oder Hühnerbrühe
Salz, schwarzer Pfeffer

40 Minuten

1 Die Paprikaschote und die Chilischote waschen, entkernen und klein würfeln. Die Frühlingszwiebeln putzen und klein würfeln.

2 Die Chorizowurst häuten und in kleine Würfel schneiden. Die Maiskörner in ein Sieb gießen und abtropfen lassen.

3 In einem breiten Topf das Pflanzenöl erhitzen und die vorbereiteten Zutaten ohne den Mais nacheinander andünsten. Den Reis 2 Minuten mitdünsten und das Ganze mit Brühe aufgießen.

4 Den Topfinhalt aufkochen und mit Salz und Pfeffer würzen. Den Reis unter häufigem Rühren und bei kleiner Hitze etwa 15 Minuten garen. Die Maiskörner unterheben und weitere 5 Minuten ziehen lassen.

Als Beilage zu viel Sauce

Maisbrei

Für 4 Portionen

1 Zwiebel
1 kleine Dose Gemüsemais
(Abtropfgewicht 285 g)
50 g Butter
600 ml Gemüsebrühe
200 g Maisgrieß (Polentagrieß)
Salz, schwarzer Pfeffer
1 Prise gemahlene Nelken
1 TL Kreuzkümmel
1 Messerspitze Cayennepfeffer
1 EL gehackter frischer Koriander
für die Garnitur

30 Minuten

1 Die Zwiebel abziehen und fein würfeln. Den Gemüsemais in ein Sieb gießen und abtropfen lassen. In einem breiten Topf die Butter zerlassen und die Zwiebelwürfel sowie den Gemüsemais kurz andünsten.

2 Den Topfinhalt mit Gemüsebrühe aufgießen und aufkochen lassen. Unter ständigem Rühren den Maisgrieß klümpchenfrei untermischen und bei mittlerer Hitze 5 bis 8 Minuten, je nach gewünschter Breikonsistenz, kochen. Mit Salz, Pfeffer, Nelken, Kreuzkümmel und Cayennepfeffer kräftig würzen.

3 Den Topf vom Herd ziehen und den Maisbrei etwa 5 Minuten nachziehen lassen. In eine Servierschüssel umfüllen und mit dem gehackten Koriander garnieren.

Tipp der Köchin

Sie können den Maisbrei auch in eine feuerfeste Form geben, mit Käse bestreuen, mit Butterflöckchen belegen und im Ofen überbacken.

Vegetarischer Hochgenuss

Überbackene Kichererbsen

Tipp der Köchin

Die Kichererbsen kann man auch ohne Überbacken zum Steak genießen. Nicht-Vegetarier können die Kichererbsen mit Speck, Schinken oder Chorizo anreichern. Das Gericht wird mit bereits gekochten Kichererbsen aus dem Glas in Windeseile fertig.

Für 4 Portionen

300 g getrocknete Kichererbsen
Salz
1/2 Bund Suppengrün
1/2 Bund frischer Koriander
1 große Zwiebel
5 Knoblauchzehen
1 frische Chilischote
4 EL Pflanzenöl
2 EL Tomatenmark
500 g geschälte Tomaten mit Saft (aus der Dose)
schwarzer Pfeffer
1 TL getrockneter Oregano

Zum Überbacken:

100 g geriebener Käse
2 EL Butterflöckchen

90 Minuten
8 Stunden Einweichzeit

Kichererbsen sind wie alle Hülsenfrüchte reich an Ballaststoffen und Eiweiß.

1 Die Kichererbsen etwa 8 Stunden oder über Nacht in kaltem Wasser einweichen. Mit frischem Wasser und Salz zum Kochen aufstellen. In etwa 1 Stunde bei geringer Hitze fertig garen.

2 In der Zwischenzeit den Suppenbund waschen, putzen und in kleine Würfel schneiden bzw. fein hacken. Den Koriander waschen, trockenschwenken, Blätter von den Stielen zupfen und fein hacken.

3 Die Zwiebel und die Knoblauchzehen abziehen und fein würfeln. Die Chilischote waschen, längs aufschlitzen, entkernen und fein würfeln. Die fertig gekochten Kichererbsen in ein Sieb gießen und abtropfen lassen, dabei etwa 100 Milliliter Sud auffangen.

4 Den Backofen auf 200 °C (Umluft 180 °C, Gas Stufe 3–4) vorheizen. In einem breiten Topf das Pflanzenöl erhitzen und Suppengemüse-, Zwiebel-, Knoblauch- und Chiliwürfel darin andünsten. Die Kichererbsen dazugeben, kurz mit dem Tomatenmark anrösten und mit dem bereitgestellten Kichererbsensud ablöschen.

5 Die Tomaten mit dem Saft einrühren und das Ganze mit Salz, Pfeffer, Oregano und Koriander würzen. Bei geringer Hitze etwa 10 Minuten garen.

6 Die Kichererbsen in eine größere, feuerfeste Form füllen. Mit frisch geriebenem Käse bestreuen und mit Butterflöckchen belegen. Im Ofen in etwa 15 Minuten überbacken.

Klassische Tex-Mex-Beilage

Frittierte Kartoffelstücke

Für 4 Portionen

1 kg kleine Kartoffeln
Salz, schwarzer Pfeffer
Chilipulver
1 kg Pflanzenöl zum Frittieren

35 Minuten

1 Die Kartoffeln waschen, schälen und vierteln. Mit Salz, Pfeffer und Chilipulver würzen.

2 Das Pflanzenöl auf etwa 180 °C in einer Fritteuse oder einem großen Topf erhitzen. Die Kartoffelviertel portionsweise in 7 bis 8 Minuten goldbraun und knusprig frittieren.

3 Die Kartoffelstücke mit einem Schaumlöffel herausnehmen und das überschüssige Fett auf Küchenpapier abtropfen lassen. Nach Belieben nochmals würzen.

Tipp der Köchin

Dazu saure Sahne zum Dippen servieren. Frittierte Kartoffelstücke oder Potatoe wedges sind eine beliebte Beilage in der Tex-Mex-Küche.

Die frittierten Kartoffelstücke sind um Längen besser als normale Pommes. Und sie schmecken einfach immer, besonders mit einem feurigen Tex-Mex-Dip.

Solo oder als Beilage

Mais-Paprika-Tortilla

Wussten Sie, dass der grüne Gemüsepaprika geerntet wird, bevor er voll ausgereift ist? Ansonsten würde er je nach Reifegrad zunächst gelb und dann rot werden. Umgekehrt wird violetter Paprika grün, wenn man ihn an der Pflanze reifen lässt.

Für 4 Portionen

1 grüne Paprikaschote
1 Zwiebel
1 kleine Dose Gemüsemais (Abtropfgewicht 285 g)
2 frische Chilischoten
4 EL Pflanzenöl
Salz, schwarzer Pfeffer
1 TL getrockneter Thymian
4 Eier
50 ml Milch
80 g Mehl
1 EL Butter

30 Minuten

1 Die Paprikaschote waschen, entkernen und in Streifen schneiden. Die Zwiebel abziehen und fein würfeln. Den Gemüsemais in ein Sieb gießen und abtropfen lassen. Den Backofen auf 200 °C (Umluft 180 °C, Gas Stufe 3–4) vorheizen.

Zwiebeln und Paprika sorgen zusammen mit dem Chili für die richtige Würze der Mais-Paprika-Tortilla.

2 Eine große Pfanne, die auch in den Backofen passt, bereitstellen. Die Chilischoten waschen und abtrocknen. In der Pfanne das Pflanzenöl erhitzen und die Zwiebelwürfel darin glasig dünsten. Die ganzen Chilischoten und die Paprikastreifen dazugeben und mitbraten; den Gemüsemais einstreuen.

3 Den Pfanneninhalt mit Salz, Pfeffer und Thymian würzen. Die Eier mit Milch verschlagen und das Mehl mit einem Schneebesen klumpenfrei unterrühren.

4 Die Eiermilch über den Pfanneninhalt gießen, die Pfanne schwenken und alles einige Minuten anbraten lassen.

5 An den Rändern Butter vorsichtig in die Pfanne gleiten lassen und die Pfanne in den vorgeheizten Backofen stellen. Sobald sich die Oberfläche bräunt, die Tortilla in der Pfanne servieren.

Tipp der Köchin

Falls Sie das Kunststück beherrschen, können Sie die Tortilla in der Pfanne auch vorsichtig wenden und fertig braten. Dann allerdings nicht mehr in den Backofen schieben. Zum Servieren als Beilage sieht es besonders hübsch aus, wenn Sie die Tortilla in der Pfanne kurz abkühlen lassen, auf ein Holzbrett stürzen und in Kuchenstücke schneiden.

Fleisch, Geflügel und Fisch

Carne, aves y pescados

Natürlich finden Sie hier das berühmte Chili con Carne, obwohl es eigentlich gar nicht aus der mexikanischen Küche stammt, sondern spanischen Ursprungs ist. Aber bei Tex Mex sind eben die Grenzen fließend. Weiter erfahren Sie, was eine Fajitas ist und wie man Tortillas zu einer scharfen Torte stapelt. Diese und weitere Köstlichkeiten aus Fleisch, Geflügel und Fisch verraten Ihnen die folgenden Seiten.

Der »schnelle« Klassiker

Chili con Carne rápido

Ursprünglich war »Chili mit Fleisch«, wie bei so vielen Gerichten, ein Restegericht. Bratenreste wurden klein geschnitten und mit viel Schärfe nochmals gebraten. Die Zubereitung mit Hackfleisch ist eine internationale Vereinfachung.

Für 4 Portionen

1 große Zwiebel
3 Knoblauchzehen
2 Dosen Kidneybohnen (Abtropfgewicht 255 g)
je 1 rote und grüne Paprikaschote
5 EL Pflanzenöl
500 g Rinderhackfleisch
1 EL Tomatenmark
1/2 l Fleisch- oder Gemüsebrühe
500 g Pizzatomaten (gewürfelt, aus der Packung)
1 TL getrockneter Oregano
1/4 TL gemahlener Chili
1 TL Kreuzkümmel
Salz, schwarzer Pfeffer

Kidneybohnen aus der Dose sind für eilige Köche prima geeignet: Einweichen und langes Garen der getrockneten Bohnen sind nicht mehr notwendig.

40 Minuten

1 Zwiebel und Knoblauchzehen abziehen und fein würfeln. Die Bohnen in ein Sieb gießen und abtropfen lassen. Die Paprikaschoten waschen, entkernen und in 1/2 Zentimeter große Würfel schneiden.

2 In einem breiten Topf das Pflanzenöl erhitzen und Zwiebel- und Knoblauchwürfel darin glasig dünsten. Das Hackfleisch hinzufügen und unter ständigem Rühren krümelig braten. Mit Tomatenmark durchrösten und mit Brühe aufgießen.

3 Den Topfinhalt einige Minuten bei mittlerer Hitze kochen und dann Pizzatomaten, Paprikawürfel, Bohnen, Oregano, Chili und Kreuzkümmel einrühren. Mit Salz und Pfeffer würzen. Das Chili bei geringer Hitze etwa 20 Minuten garen. Nochmals abschmecken und im Topf servieren. Dazu passt am besten Weiß- oder auch Fladenbrot – und weil ein richtig scharfes Chili schön durstig macht: mexikanisches Bier dazu anbieten.

Tex-Mex auf dem Brot

Überbackener Chiliburger

Für 2 Portionen

2 große Sesamhamburgerbrötchen
1 Tomate
2 Eisbergsalatblätter
1 kleine Zwiebel
200 g Chili con Carne (nebenstehendes Rezept)
1 reife Avocado
Saft von 1/2 Limette
100 g saure Sahne
Salz, schwarzer Pfeffer
2 Scheiben Chesterkäse

20 Minuten

1 Backofen auf 100 °C (Umluft 80 °C, Gas Stufe 1) vorheizen. Hamburgerbrötchen halbieren. Tomate in dünne Scheiben schneiden.

2 Den Eisbergsalat waschen und in feine Streifen schneiden. Die Zwiebel abziehen und in hauchdünne Ringe schneiden. Die Brötchen in den Backofen legen und einige Minuten erwärmen. Das Chili con Carne erwärmen.

3 Die Avocado schälen, längs halbieren, in dünne Scheiben schneiden und mit Limettensaft beträufeln. Die Brotunterseiten mit etwas saurer Sahne bestreichen und mit den Avocadoscheiben belegen. Mit Salz und Pfeffer würzen.

4 Ein paar Salatstreifen darüberstreuen und löffelweise Chili con Carne darüber geben. Schichtweise saure Sahne, Tomaten, Zwiebeln, die restliche saure Sahne und je eine Scheibe Käse darauf geben. Kurz im Backofen übergrillen. Die Brotdeckel darauf legen.

Tipp der Köchin

Die Chiliburger schmecken auch kalt und ohne Käse hervorragend.

Reste vom letzten Chiliessen können Sie prima für diesen Chiliburger verwenden. Wenn das Chili nicht sehr scharf gewürzt ist, werden Kinder begeistert sein.

Probieren Sie doch auch einmal folgende Varianten: Das Chili in eine feuerfeste Auflaufform geben und mit Chesterkäse überbacken. Zum Garnieren Tacochips in das Chili stecken.

Gerollte Käsetacos heißen im Original eigentlich Quesadilla tre Amigos. Queso heißt auf mexikanisch Käse und davon gibt es bei diesem Gericht reichlich. Als Beilage empfehle ich eine Extraportion Bohnen und Reis.

Mein Lieblingsgericht

Gerollte Käsetacos

Für 4 Portionen

200 g Hähnchenbrustfilet
200 g Rindersteak
Salz, schwarzer Pfeffer
2 Fleischtomaten
1 Paprikaschote (Farbe beliebig)
1 große Zwiebel
1/2 Bund frischer Koriander
Butter für die Form
5 EL Pflanzenöl
8 warme Tortillas (Rezept Seite 50f. oder Fertigprodukt)
250 g gebackene Bohnen mit Speck (Rezept Seite 54)
250 g geriebener Käse
50 g Sahne
1 EL Butterflöckchen

70 Minuten

1 Beide Fleischsorten in schmale Streifen schneiden und separat mit Salz und Pfeffer würzen. Die Tomaten überbrühen, häuten, entkernen und klein würfeln.

2 Paprikaschote waschen, entkernen und in 1/2 Zentimeter große Würfel schneiden. Die Zwiebel abziehen und fein hacken. Den Koriander waschen, Blätter von den Stielen zupfen und fein hacken. Den Backofen auf 200 °C (Umluft 180 °C, Gas Stufe 3–4) vorheizen und eine Auflaufform mit Butter ausstreichen.

3 In einer Pfanne 3 Esslöffel Pflanzenöl erhitzen und die Hähnchen- und Rindfleischstreifen nacheinander kurz braten; auf einen Teller legen. Tomaten, Paprika, Zwiebel und Koriander mit 2 Esslöffeln Pflanzenöl vermischen.

4 Tortillas auf einer Arbeitsfläche auslegen. Mit Bohnengemüse dünn belegen, darauf die Fleischstreifen verteilen und mit Gemüse und 100 Gramm Käse bestreuen. Die Tortillas aufrollen und mit den Schnittkanten nach unten in die Form nebeneinander legen.

5 Die Tortillas mit Käse bestreuen, mit Sahne beträufeln und mit Butterflöckchen belegen. In den Backofen schieben und in etwa 30 Minuten überbacken.

Käse wird in der Tex-Mex-Küche häufig verwendet, ob zum Überbacken von Nachos, zum Füllen von Tortillas oder einfach frisch gerieben über Salat.

Zeitintensiv

Feuriges Chili

Für 4 Portionen

500 g mageres Rindfleisch
Salz, 1 Lorbeerblatt
2 Gewürznelken, 2 Zwiebeln
1/2 Bund frischer Koriander
je 1 grüne und rote Paprikaschote
2 frische rote Chilischoten
4 EL Pflanzenöl
500 g Pizzatomaten (gewürfelt, aus der Dose)
schwarzer Pfeffer
1/4 TL gemahlener Zimt
2 EL eingelegte Kapern

120 Minuten

1 Das Fleisch mit Wasser bedecken und mit Salz, Lorbeerblatt und Nelken 1 1/4 Stunden garen.

2 Zwiebeln fein würfeln. Korianderblätter hacken. Paprikaschoten in 1/2 Zentimeter große Stücke schneiden. Chilischoten entkernen und fein würfeln. Das Fleisch aus der Brühe nehmen, 10 Minuten ruhen lassen und in 1 bis 2 Zentimeter große Würfel schneiden. Zwiebel-, Chili- und Paprikawürfel im Öl andünsten.

3 Fleisch hinzufügen, anbraten und die Tomaten hinzugeben. Mit etwas Rinderbrühe beträufeln. Mit Salz, Pfeffer und Zimt würzen. Zuletzt Koriander und Kapern untermengen.

Es gibt unglaublich viele Chilisorten (siehe Seite 12f.). Je nachdem, wie scharf Sie Ihr Essen mögen, können Sie eher milde oder feurige Schoten verwenden.

Köstlich und exotisch

Fruchtiges Hackfleisch mit Zimt

Tipp der Köchin

Anstelle von Sultaninen eignen sich auch schwarze oder grüne Oliven, gern auch mit Mandeln gefüllt, die Sie unter das Gericht mischen.

Für 4 Portionen

- 250 g Reis
- 1 Orange
- 1/2 Limette
- 100 g Sultaninen
- 1 Zwiebel
- 1 Apfel
- 4 EL Pflanzenöl
- 500 g Rinderhackfleisch
- 1 EL Tomatenmark
- 4 cl Tequila
- 100 ml Rotwein
- Salz, schwarzer Pfeffer
- 1/4 TL gemahlener Zimt
- Cayennepfeffer
- 1 Messerspitze gemahlene Nelken
- 4 ausgehöhlte Orangenhälften zur Dekoration
- 12 kleine Tacoshells (Fertigprodukt, 125 g)
- 200 g saure Sahne

40 Minuten

1 Reis mit genügend Wasser (siehe Packungshinweis) zum Kochen bringen und bei geringer Hitze in etwa 20 Minuten ausquellen lassen. Orange und Limette getrennt auspressen. In der Zwischenzeit Sultaninen mit dem Orangensaft vermengen. Die Zwiebel abziehen und fein würfeln. Den Apfel schälen, entkernen, das Fruchtfleisch klein würfeln und mit Limettensaft beträufeln.

2 Das Pflanzenöl in einem Topf erhitzen und darin die Zwiebel- und Apfelwürfel andünsten. Hackfleisch hinzufügen und krümelig braten. Mit Tomatenmark durchrösten und mit Tequila und Rotwein ablöschen.

3 Das Hackfleisch mit Salz, Pfeffer, Zimt, Cayennepfeffer und Nelken würzen. Etwa 5 bis 10 Minuten bei geringer Hitze garen, bis die Flüssigkeit fast verdampft ist. Sultaninen und Reis unterheben und den Reis unter Rühren erwärmen.

4 Zum Anrichten die Hackfleisch-Reis-Mischung in vier Orangenhälften füllen und mit Zimt bestäuben. Restliches Reis-Hackfleisch in eine vorgewärmte Servierschüssel geben. Jeder Gast füllt damit seine Tacoshells. Saure Sahne darüber träufeln.

Hackfleisch ist leicht verderblich. Daher sollten Sie Hackfleisch auf jeden Fall frisch kaufen, im Kühlschrank aufbewahren und noch am gleichen (spätestens aber am nächsten) Tag verbrauchen.

Deftig und würzig

Zwiebelfleisch mit Chorizo

Für 4 Portionen

- 500 g Schweinefleisch vom Hals
- Salz, schwarzer Pfeffer
- 1 frische rote Chilischote
- 6 Knoblauchzehen
- 500 g Zwiebeln
- 200 g Chorizo
- 10 EL Pflanzenöl
- 1 Flasche mexikanisches Bier (0,33 l)
- Cayennepfeffer
- 8 warme Tortillas (Rezept Seite 50f. oder Fertigprodukt)

80 Minuten

1 In Streifen geschnittenes Schweinefleisch mit Salz und Pfeffer würzen, mit Chiliwürfeln und gepresstem Knoblauch vermengen. Die Zwiebeln in Streifen schneiden. Die Wurst pellen und in kleine Würfel schneiden. 3 Esslöffel Öl erhitzen, das Fleisch scharf anbraten und herausnehmen.

2 Im restlichen Öl die Zwiebelstreifen 15 Minuten dünsten. Mit Bier beträufeln. Fleisch und Wurst dazugeben und mit dem restlichen Bier begießen. Mit Cayennepfeffer würzen und etwa 40 Minuten schmoren. Tortillas in Streifen schneiden und über das Zwiebelfleisch streuen.

Das Zwiebelfleisch mit Chorizo schmeckt so richtig schön deftig.

Tipp der Köchin

Falls Sie keine Chorizo bekommen, können Sie auch eine scharfe Dauerwurst oder auch Andouille- bzw. Debrezinerwürste verwenden.

Perfekt für draußen

Tequila-Steaks mit Bohnensalsa

Für 4 Portionen

- 4 Rinderfiletsteaks à 200 g
- 8 cl Tequila
- grob geschroteter schwarzer Pfeffer
- 2 frische Chilischoten
- 2 Knoblauchzehen
- 2 Frühlingszwiebeln
- 3 EL Olivenöl
- 200 g gekochte schwarze Bohnen (auch rote Bohnen aus dem Glas)
- Salz
- 1 TL Kreuzkümmel
- 2 EL Chiliketchup
- 1 EL gehackter frischer Koriander für die Garnitur
- 5 EL Pflanzenöl

60 Minuten

1 Die Rindersteaks mit den Handballen flach drücken und an den Rändern leicht stauchen. Mit einer Fleischspritze den Tequila seitlich in das Fleischinnere spritzen. Die Steaks mit Pfeffer würzen und ruhen lassen.

2 Die Chilischoten waschen, längs aufschlitzen, entkernen und fein würfeln. Die Knoblauchzehen abziehen und fein würfeln. Die Frühlingszwiebeln putzen und grob hacken.

3 In einer Pfanne das Olivenöl erhitzen und darin Chili-, Knoblauch- und Frühlingszwiebelwürfel andünsten. Die Bohnen hinzufügen und kurz mitbraten. Mit Salz, Pfeffer und Kreuzkümmel würzen.

4 Den Pfanneninhalt in einen Küchenmixer füllen und mit Chiliketchup und 2 Esslöffeln Wasser grob pürieren. Die Salsa nochmals abschmecken, in eine Sauciere füllen und mit Koriander garnieren.

5 In einer Pfanne das Pflanzenöl erhitzen und die Steaks von jeder Seite, je nach gewünschtem Garzustand, etwa 4 Minuten braten und danach salzen. Die Steaks auf Holztellern servieren und obenauf einen Klecks schwarze Bohnensalsa setzen.

Tipp der Köchin

Wenn Sie keine Fleischspritze haben, können Sie den Bratensatz der Steaks mit dem Tequila ablöschen.

Salsa ist nicht nur ein lateinamerikanischer Tanz, sondern auch die wichtigste Beilage in der Tex-Mex-Küche. Die Tequila-Steaks wären ohne das Bohnensalsa schließlich auch nur halb so gut.

Fajitas bedeutet in der Tex-Mex-Küche immer ein größeres Essen für eine gesellige Runde. Auch in Restaurants gibt es mittlerweile schon Fajitas, in denen für mehrere Personen eine große Pfanne auf den Tisch kommt. Tortillas werden separat dazu serviert.

Viele Varianten möglich

Fajitas-Steak

Für 4 Portionen

3 Rindersteaks à 150 g
Salz, schwarzer Pfeffer
Cayennepfeffer
1 große Zwiebel
je 1 grüne und rote Paprikaschote
1 Fleischtomate
1/2 Römersalat
100 g geriebener Käse
5 EL Pflanzenöl
100 g saure Sahne
4 EL Jalapeño Relish (Seite 76)
1 EL gehackte Petersilie
4–8 warme Tortillas (Rezept Seite 50f. oder Fertigprodukt)

40 Minuten

Petersilie gibt es in jedem Supermarkt frisch zu kaufen. Sie können sich auch einen Blumenkasten oder Blumentöpfe mit verschiedenen Kräutern auf die Fensterbank stellen und immer frisch ernten.

1 Die Steaks in 1/2 bis 1 Zentimeter dicke Streifen schneiden. Mit Salz, Pfeffer und Cayennepfeffer würzen.

2 Die Zwiebel abziehen und in Streifen schneiden. Die Paprikaschoten waschen, entkernen und in dünne Streifen schneiden.

3 Die Tomate überbrühen, häuten, entkernen und in Streifen schneiden. Den Salat waschen, trockenschwenken und in Streifen schneiden. Auf vier große Teller Salat und Käse locker streuen. Mit Salz und Pfeffer würzen.

4 In einer Pfanne die Hälfte des Pflanzenöls erhitzen und darin Zwiebel- und Paprikastreifen einige Minuten dünsten. Zuletzt die Tomatenstreifen unterheben und mit Salz und Pfeffer würzen. Den Pfanneninhalt über dem Salat verteilen.

5 Den Bratensatz mit restlichem Öl begießen und darin die Steakstreifen von allen Seiten scharf anbraten. Die Fleischstreifen auf die Teller geben. Mit saurer Sahne und Jalapeño Relish überziehen. Mit Petersilie bestreuen. Dazu die warmen Tortillas servieren.

Tipp der Köchin

Jeder Gast nimmt sich eine Tortilla, gibt darauf ein paar Löffel Fajitas-Steak und klappt diese zu oder rollt sie auf. Zusätzlich geriebenen Käse, Oliven und saure Sahne bereitstellen. Tortillas bleiben länger warm, wenn man sie in eine Stoffserviette gehüllt serviert.

Spezialität

Chimichanga-Torte

Für 4 Portionen

- Pflanzenöl für das Backblech
- 1/2 Eisbergsalat
- 100 g grüne Oliven mit Paprikafüllung
- 50 g eingelegte Jalapeños
- 6 Tortillas (Rezept Seite 50f.)
- 500 g warmes Chili con Carne (Rezept Seite 66)
- 100 g saure Sahne
- 200 g frisch geriebener Käse
- 50 g weiche Butter

30 Minuten

1 Den Backofen auf 200 °C (Umluft 180 °C, Gas Stufe 4) vorheizen. Das Backblech mit Öl bepinseln. Den Salat waschen und in Streifen, Oliven und Jalapeños in Scheiben schneiden.

2 Die Tortillas auf dem Backblech übereinander schichten und jede Schicht mit Chili con Carne, Jalapeños, etwas saurer Sahne und Käse belegen. Die letzte Tortilla mit restlichem Käse bestreuen und mit Butterflöckchen belegen.

3 Die Torte in den Backofen schieben und in 15 bis 20 Minuten überbacken. Die Torte in Stücke schneiden und auf dem Salat servieren.

Schicht für Schicht ein Genuss: Die Chimichanga-Torte hat zwar einen ungewöhnlichen Namen, sieht aber toll aus und schmeckt auch so.

Die Chimichanga-Torte, bei der Chili, saure Sahne und Käse zwischen Tortillas geschichtet werden, ist ursprünglich eine mexikanische Spezialität, wird aber auch häufig in Texas angeboten.

Gesündes Fastfood

Frittierte Hähnchenstreifen

Für 4 Portionen

250 g frische Okraschoten
600 g Hähnchenbrustfilet
Salz, schwarzer Pfeffer
Mehl zum Wenden
Paniermehl zum Panieren
4 Eier
50 ml Milch oder Sahne
500 g Kartoffeln
Cayennepfeffer
1 kg Pflanzenöl zum Frittieren
Ketchup oder Hot Ketchup zum Dippen

Sollten Sie keine Fritteuse haben, können die Zutaten auch in der Pfanne mit reichlich Öl gebacken werden. In der Fritteuse werden sie allerdings knuspriger.

70 Minuten

Kartoffeln bilden, wenn sie zu hell gelagert werden, grüne Stellen, die das giftige Solanin enthalten. Da Solanin durch Erhitzen nicht unschädlich gemacht wird, sollten Sie grüne Stellen bei Kartoffeln sorgfältig entfernen.

1 Okraschoten waschen und auf Küchenpapier legen. Das Hähnchenfleisch waschen, trockentupfen und in etwa 1 Zentimeter dicke und 7 Zentimeter lange Streifen schneiden. Fleisch und Okraschoten mit Salz und Pfeffer würzen.

2 Mehl und Paniermehl bereitstellen. Die Eier mit Milch oder Sahne verquirlen.

3 Nacheinander Okraschoten und Hähnchenstreifen zuerst in Mehl wenden, dann durch die Eiermilch ziehen und im Paniermehl wenden. Das Paniermehl etwas andrücken.

4 Die Kartoffeln schälen und in Stäbe passend zu den Hähnchenstreifen schneiden. Mit Salz, Pfeffer und Cayennepfeffer würzen.

5 Den Backofen auf 100 °C (Umluft 80 °C, Gas Stufe 1) vorheizen und ein Backblech bereitstellen. Das Pflanzenöl heiß siedend erhitzen und nacheinander Okraschoten, Hähnchenstreifen und Kartoffelstäbe knusprig und goldgelb frittieren.

6 Alle Zutaten bis zum Servieren auf dem Backblech im Ofen warm halten. Mit dem Blech oder in vier mit Stoffservietten ausgeschlagenen (Brot-)Körbchen servieren.

Tipp der Köchin

Zu den Hähnchenstreifen passt hervorragend ein selbst gemachtes Relish: Dafür 1 eingelegte Jalapeñoschote und je 1 grüne und rote Paprikaschote klein würfeln. Mit Zwiebel- und Knoblauchwürfeln andünsten. Mit 1 Esslöffel Tomatenmark anrösten, mit 1 Esslöffel Zucker bestreuen und mit 1 Esslöffel Essig sowie 1 Schuss Tequila ablöschen. 100 Gramm Tomatenwürfel und 100 Gramm Gemüsemais einrühren. Mit Salz und Pfeffer würzen und mit Tabasco nachschärfen.

Einfach unwiderstehlich

Hühnerbrüstchen mit Erdnusscreme

Für 4 Portionen

500 g Hühnerbrustfilet
Salz, schwarzer Pfeffer
Zitronenpfeffer
100 g ungesalzene Erdnusskerne
1/2 Bund frischer Koriander
4 Knoblauchzehen
1 Paprikaschote
4 EL Pflanzenöl, 5 cl Tequila
100 g Erdnusscreme
250 ml Hühnerbrühe

40 Minuten

1 Fleischstreifen mit Salz, Pfeffer und Zitronenpfeffer würzen. Erdnusskerne mit dem Fleischklopfer zerkleinern. Erdnüsse in einer heißen Pfanne kurz rösten. Koriander fein wiegen.

2 Knoblauch fein würfeln. Paprikaschote in kleine Würfel schneiden. Die Hälfte des Öls erhitzen und das Fleisch portionsweise braten.

3 Im restlichen Öl Knoblauch und Paprika dünsten. Tequila, Erdnusscreme und Hühnerbrühe einrühren. Mit Salz und Pfeffer würzen und Erdnüsse sowie Fleischstreifen unterheben. Sofort servieren.

Die Erdnusscreme passt hervorragend zu den Hühnerbrüstchen, und die gerösteten Erdnusskerne sorgen für den richtigen Biss.

Tipp der Köchin

Zu den Hühnerbrüstchen grünen Reis (Rezept Seite 58) oder Tortillas (Rezept Seite 50f.) servieren.

Frischer Koriander ist in der Tex-Mex-Küche unerlässlich. Er wird wie Petersilie verwendet, zum Würzen von Salaten, Suppen, Saucen, oder einfach zur Dekoration. Frischen Koriander sollten Sie nur kurz mit kaltem Waser abbrausen, weil er sonst an Aroma verliert.

Das süße Aroma der Mango harmoniert hervorragend mit der Chilischärfe. Das raffinierte Mangosalsa schmeckt köstlich zu den gebratenen Redsnapperfilets.

Das müssen Sie probieren

Redsnapper mit Mangosalsa

Für 4 Portionen

4 küchenfertige Redsnapperfilets (à 180 g, ersatzweise andere Fischsorten)
1 Limette
Salz, schwarzer Pfeffer
1 frische Chilischote
1 saftige Mango
1 Schalotte
1/2 Bund frischer Koriander
1 rote Paprikaschote
1/2 Orange
10 EL Pflanzenöl
Mehl zum Wenden

40 Minuten

1 Die Fischfilets unter fließend kaltem Wasser gründlich waschen und mit Küchenpapier trockentupfen. Die Limette auspressen und den Fisch mit Salz, Pfeffer und Limettensaft würzen.

2 Die Chilischote waschen, längs aufschlitzen, entkernen und fein hacken. Die Mango schälen, den Kern entfernen und das Fruchtfleisch sehr fein würfeln. Den Saft auffangen.

3 Die Schalotte abziehen und in feine Würfel schneiden. Den Koriander waschen, trockenschwenken, Blätter von den Stielen zupfen und fein hacken. Die Paprikaschote waschen, entkernen, weiße Rippen entfernen und in 1/2 Zentimeter große Würfel schneiden.

4 Die Orange auspressen. Für das Salsa Chili-, Mango-, Schalottenwürfel, Koriander und Paprikawürfel mit dem Orangensaft und dem aufgefangenen Mangosaft verrühren. Mit Pfeffer würzen und bis zum Gebrauch in den Kühlschrank stellen.

5 Das Pflanzenöl in zwei Pfannen erhitzen. Die Fischfilets in Mehl wenden und im heißen Fett auf beiden Seiten in etwa 8 Minuten braten. Auf vorgewärmte Teller geben und mit Mangosalsa belegen.

Tipp der Köchin

Zu diesem delikaten Fischgericht passt entweder grüner oder roter Reis (Rezepte Seite 58 und 59). Probieren Sie doch auch einmal die sommerliche Variante: Dafür gewürzte Redsnapperfilets in gebutterte Alufolie legen und auf dem Holzkohlengrill braten.

Für eine nette Runde

Fajitas complctas

Bei einer Fajitas dürfen Sie Ihre Phantasie spielen lassen: Die Hauptzutaten wie Fleisch, Fisch und Gemüse können Sie nach Herzenslust und Vorliebe austauschen und variieren.

Für 4 Portionen

- 1 rote Zwiebel
- 1/2 Bund glatte Petersilie
- 3 Knoblauchzehen
- 200 g saure Sahne
- Saft von 1/2 Limette
- Salz, schwarzer Pfeffer
- 8 geschälte Riesengarnelen
- Tabasco
- 250 g Hähnchenbrustfilet
- 1 Zucchino
- 2 Tomaten
- 2 EL Pflanzenöl
- 1 EL Butter
- 1 Avocado
- 8 warme Tortillas (Rezept Seite 50f. oder Fertigprodukt)

Achten Sie bei Avocados auf eine ausreichende Reife. Harte Früchte haben nicht die typische cremig-zarte Konsistenz. Sehr weiche Avocados hingegen sind überreif.

40 Minuten

1 Die Zwiebel abziehen und in dünne Ringe schneiden. Petersilie waschen, Blätter von den Stielen zupfen und fein hacken.

2 Knoblauch abziehen und durch eine Presse in die saure Sahne drücken. Zusammen mit Petersilie, Limettensaft, Salz und Pfeffer verrühren. Bis zum Gebrauch in den Kühlschrank stellen.

3 Garnelen waschen, entdarmen und mit Küchenpapier trockentupfen. Mit Salz, Pfeffer und Tabasco würzen. Hähnchenfleisch in dünne Streifen schneiden und mit Salz und Pfeffer würzen.

4 Den Backofen auf 100 °C (Umluft 80 °C, Gas Stufe 1) vorheizen. Zucchino waschen und grob raspeln. Tomaten waschen, trocknen, Stielansätze entfernen und in kleine Würfel schneiden. In einer Pfanne das Pflanzenöl erhitzen und darin die Hähnchenstreifen von allen Seiten knusprig braun braten.

5 Das Fleisch auf eine Servierplatte geben und zum Warmhalten in den vorgeheizten Backofen stellen. Butter im Bratensatz der Pfanne zerlassen und darin die Garnelen 2 Minuten schwenken.

6 Die Garnelen auf der Servierplatte zusammen mit den Fleischstreifen anrichten. Avocado schälen und das Fruchtfleisch in Scheibchen schneiden. Zusammen mit den Zucchiniraspeln und den Tomatenwürfeln ebenfalls auf der Servierplatte dekorativ anrichten.

7 Sahnesauce, Zwiebeln und Tortillas separat reichen. Jeder Gast rollt oder klappt seine Tortillas mit den vorbereiteten Füllungen zusammen.

Sehr südamerikanisch

Frittierte Tintenfischringe

Für 4 Portionen
2 Knoblauchzehen
2 eingelegte Ananasringe mit etwas Saft (aus Glas oder Dose)
4 EL Pflanzenöl
500 g Pizzatomaten (gewürfelt, aus der Packung)
Salz, schwarzer Pfeffer
1 kg Pflanzenfett zum Frittieren
2 Packungen Tintenfischringe, ohne oder mit Backteig (TK-Ware à 450 g)
4 Limettenviertel zum Servieren

40 Minuten

1 Knoblauchzehen fein würfeln. Ananasringe in Stücke schneiden. Pflanzenöl erhitzen und den Knoblauch andünsten. Tomaten hinzufügen und 5 bis 10 Minuten bei geringer Hitze schmoren lassen. Mit Salz und Pfeffer würzen.

2 Das Fett erhitzen und darin die Tintenfischringe frittieren.

3 Ananasstücke in die Tomatensauce rühren und nochmals abschmecken. Die Tintenfischringe aus dem Fett nehmen. Tomatensauce auf vier Teller verteilen und darauf die Tintenfischringe servieren. Limettenviertel dazu reichen.

Bei den Fajitas completas ist für jeden Geschmack etwas dabei.

Tipp der Köchin

Die Tomatensauce schmeckt noch besser, wenn Sie sie mit frisch gehacktem Koriander und mit Zwiebeln verfeinern.

Cocktails und Süßes

Cocktails, postres y dulces

Zu einem Tex-Mex-Essen gehören echte Gaumenkitzler als Auftakt und als würdiger Abschluss. Was lassen sich mit Tequila doch für wunderbare Cocktails zaubern...! Und wie wäre es mit einem klassischen Flan oder einem Papayakompott als Nachtisch? Nach dem feurigen Mahl zergeht doch so eine kleine Süßspeise förmlich auf der Zunge.

Tequila darf sich nur nennen, was aus Agaven gebrannt wird, die rund um die Stadt Tequila in Mexiko angebaut werden. Alle anderen Destillate aus Agaven sind Mezcal. Tequila hat in der Regel 38 bzw. 40 % vol. Alkoholgehalt.

Der Star der Barpalette

Margarita

Für 1 Cocktailschale

- Saft von 1/2 Zitrone
- Salz
- 4 Eiswürfel
- 4 cl weißer Tequila
- 3 cl Triple sec

20 Minuten

1 Die Sektschale für 15 Minuten in das Gefrierfach des Kühlschranks stellen. Den Glasrand rund herum mit Zitronensaft befeuchten und in etwas Salz drehen.

2 Den restlichen Zitronensaft mit Eiswürfeln, Tequila und Triple sec im Shaker kräftig schütteln. In die vorbereitete Sektschale gießen und sofort servieren.

Eine Sünde wert

Banana Margarita

Für 1 Cocktailglas

- 1 Banane
- 1 EL Zucker
- Saft von 1/2 Zitrone
- 2 cl weißer Tequila
- 2 cl Triple sec
- 6 zerstoßene Eiswürfel

20 Minuten

1 Das Cocktailglas für 15 Minuten in das Gefrierfach des Kühlschranks stellen. Die Banane schälen und mit der Hälfte des Zuckers und der Hälfte des Zitronensafts zermusen.

2 Das Cocktailglas aus dem Gefrierfach nehmen, den Rand mit Zitronensaft befeuchten und in Zucker drehen.

3 Bananenmus mit Tequila, Triple sec und zerstoßenem Eis im elektrischen Mixer kräftig aufmixen. In das vorbereitete Cocktailglas gießen.

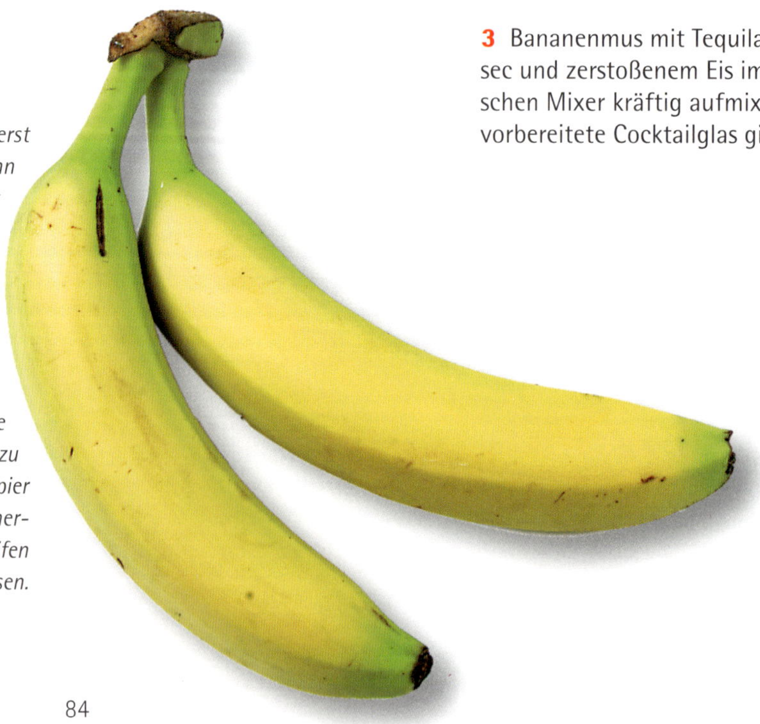

Bananen schmecken erst angenehm süß, wenn sie voll ausgereift sind. Das erkennen Sie an der gelben, leicht glänzenden Schale mit einigen schwarzen oder braunen Flecken. Grüne oder sehr harte Bananen können Sie zu Hause in Zeitungspapier gewickelt bei Zimmertemperatur nachreifen lassen.

Köstlich erfrischend

Strawberry Margarita

Für 1 Cocktailschale
- 6 frische Erdbeeren
- 1 EL Zucker
- Saft von 1/2 Zitrone
- 3 cl weißer Tequila
- 3 cl Triple sec
- 5 EL gestoßenes Eis

20 Minuten

1 Die Cocktailschale für 15 Minuten in das Gefrierfach stellen. Erdbeeren waschen, entstielen und mit der Hälfte des Zuckers zermusen.

2 Den Glasrand der Cocktailschale mit Zitronensaft befeuchten und in Zucker drehen.

3 Erdbeermus mit Tequila, Triple sec und Eis im elektrischen Mixer kräftig mixen. Sofort servieren.

Tipp der Köchin

Für zerstoßenes Eis Eiswürfel auf ein Küchentuch geben und zu einem Beutel zusammenfalten. Dann den Beutel auf einen festen Untergrund legen und mit einem Fleischklopfer daraufschlagen.

Die Margarita dreimal anders.

Weißer Tequila wird kurz nach der Destillation abgefüllt und ist klar und frisch. Brauner Tequila dagegen lagert in Holzfässern und hat ein rauchiges Aroma.

Standard in jeder Bar

Caipirinha

Für 1 oldfashioned Glas
1 Limette
1 EL brauner Zucker
5 cl Cachaça (Zuckerrohrschnaps)
zerstoßene Eiswürfel

5 Minuten

1 Die Limette waschen und mit einem Tuch abreiben. In grobe Stücke schneiden oder Limettenviertel halbieren.

2 Die Limettenstücke in dem Whiskyglas mit einem Holzlöffel ausdrücken, nicht herausnehmen. Mit dem braunen Zucker verrühren und mit Cachaça beträufeln. Mit zerstoßenem Eis verrühren.

Die wichtigste Zutat für Caipirinha ist der Cachaça. Der Import dieser Nationalspirituose Brasiliens und die seit den achtziger Jahren ständige Verfügbarkeit von Limetten ebneten den Weg für den Siegeszug des erfolgreichsten Drinks der neunziger Jahre.

Weckt müde Geister

Jalapa

Für 1 hohes Glas
6 Eiswürfel
3 cl weißer Tequila
10 cl Papayasaft
2 cl Lime Juice

5 Minuten

Eiswürfel, Tequila, Papaya- und Zitronensaft im Shaker kräftig schütteln. Durch ein Barsieb in das Glas gießen.

Erfrischende Cocktails für gemütliche Tex-Mex-Abende.

Schmeckt nach Urlaub

Tequila sunrise

Für 1 hohes Glas
6 Eiswürfel
4 cl Tequila
10 cl Orangensaft
1 Spritzer Zitronensaft
2 cl Grenadine

5 Minuten

Drei Eiswürfel in ein Glas geben. Restliche Eiswürfel mit Tequila, Orangen- und Zitronensaft im Shaker kräftig schütteln. Den Shakerinhalt langsam über die Eiswürfel gießen. Zuletzt die Grenadine darüber träufeln, die auf den Boden des Glases absinkt.

Einfach träumen

Acapulco

Für 1 Cocktailglas
3 Eiswürfel
3 cl weißer Rum
1 cl Zitronensaft
1 cl Maraschino
1 cl Triple sec
1 Maraschinokirsche

5 Minuten

Alle Zutaten im Shaker kräftig schütteln und durch ein Barsieb in das Cocktailglas gießen. Mit der Maraschinokirsche garnieren.

Tipp der Köchin

Dazu schmeckt Schokoladensauce, wie z. B. die amerikanische Hershey Sauce, besonders gut.

Frisch gepresst, schmeckt Zitronensaft am besten. Wenn Sie nur wenig Saft benötigen, genügt es, ein Loch in die Zitrone zu stechen und den Saft herauszudrücken. So hält sich die Frucht länger frisch.

Überraschung

Zitronen-Tequila-Törtchen

Für 4 Portionsförmchen
- Butter und Zucker für die Förmchen
- 250 g Quark
- 100 g saure Sahne
- 3 Eier, getrennt
- 80 g Puderzucker
- 2 cl Tequila
- 1 TL Zitronensaft
- 20 g Puddingpulver mit Zitronengeschmack

40 Minuten

1 Den Backofen auf 180 °C (Umluft 160 °C, Gas Stufe 2–3) vorheizen. Die Förmchen mit Butter ausstreichen und mit Zucker ausstreuen.

2 Mit dem Handrührgerät Quark, saure Sahne, Eigelbe, Zucker, Tequila und Zitronensaft cremig rühren.

3 Die Eiweiße mit Puddingpulver cremig schlagen und unter die Quarkmasse heben. Die Förmchen damit bis etwa 1 Zentimeter unter den Rand füllen. Förmchen in den Ofen stellen und etwa 25 Minuten backen. Herausnehmen, die Ränder mit einem spitzen Messer lösen und sofort stürzen.

Zum Naschen gut

Plätzchen mit Pecannüssen

Für 1 Backblech
- 3 Eier
- 150 g Zucker
- 1 Prise Salz
- 1 EL weiche Butter
- 150 g gemahlene Haselnüsse
- 75 g Mehl
- Pecannusshälften zum Dekorieren

40 Minuten

1 Den Backofen auf 200 °C (Umluft 180 °C, Gas Stufe 3–4) vorheizen und ein Backblech mit Backpapier auslegen.

2 Die Eier mit dem Zucker, dem Salz und der Butter in einer hitzebeständigen Schüssel über einem heißen Wasserbad mit dem Schneebesen cremig aufschlagen.

3 Die Schüssel aus dem Wasserbad nehmen und die Creme kurz kalt mit dem Schneebesen schlagen. Langsam die gemahlenen Haselnüsse und das Mehl unterheben.

4 Den Teig portionsweise in einen Spritzbeutel füllen und auf das Backblech fünfmarkstückgroße Plätzchen spritzen. Auf jedes Plätzchen eine Pecannuss drücken. Die Plätzchen im Ofen 10 bis 12 Minuten goldbraun backen. Auf einem Kuchengitter vollständig auskühlen lassen und in einer Keksdose aufbewahren.

Ein Klassiker

Cremiger Flan

Für 8 Portionsförmchen

Butter für die Förmchen
200 g Zucker
4 Eier
1/2 l Milch
1 Päckchen Vanillezucker

50 Minuten

1 Den Backofen auf 180 °C (Umluft 160 °C, Gas Stufe 2–3) vorheizen. Die Förmchen mit Butter ausstreichen und in einem Bräter etwas Wasser aufkochen.

2 Eine Pfanne erhitzen und 100 Gramm Zucker mit 1 Esslöffel Wasser darin auflösen. Mit einem Holzkochlöffel zu Karamell rühren. Diese braune Flüssigkeit in die Portionsförmchen verteilen.

3 Mit den Quirlen eines elektrischen Handrührgeräts den restlichen Zucker, die Eier, die Milch sowie den Vanillezucker zu einer dicklichen Creme kräftig aufschlagen.

4 Die Eiermischung in die Förmchen füllen und diese in das heiße Wasser stellen. Den Bräter vorsichtig in den Ofen stellen und die Creme in etwa 40 Minuten pochieren.

Auch nach einem opulenten Tex-Mex-Mahl haben die Zitronen-Tequila-Törtchen und die Nussplätzchen noch Platz.

Wussten Sie, dass der Pfirsich ursprünglich in China beheimatet ist und der Legende nach durch Alexander den Großen aus Persien ins Abendland kam? Heute zählen zu den weltweit größten Pfirsichproduzenten Italien, die USA, China und Griechenland.

Pfirsiche schmecken nicht nur roh, sondern auch überbacken köstlich. Das Papayakompott ist ebenfalls ein toller süßer Abschluss für einen mexikanischen Abend.

Da bleibt nichts übrig

Überbackene Pfirsiche

Für 1 Auflaufform

Butter und Zucker für die Form
4 saftige Pfirsiche
100 g weiche Butter
100 g Zucker
2 Eier
100 ml Milch
100 g Mehl
1 Päckchen Backpulver
Puderzucker für die Garnitur

50 Minuten

1 Den Backofen auf 200 °C (Umluft 180 °C, Gas Stufe 3–4) vorheizen. Eine Auflaufform mit Butter ausstreichen und mit Zucker ausstreuen. Die Pfirsiche in dünne Spalten schneiden.

2 Pfirsichspalten in der Form dachziegelartig anrichten. Mit dem Handrührgerät Butter, Zucker und Eier cremig rühren. Dann abwechselnd Milch, Mehl und Backpulver unterrühren, bis sich ein glatter, klumpenfreier Teig ergibt.

3 Die Teigcreme vorsichtig über die Pfirsiche geben und glatt streichen. Die Pfirsiche im Backofen in etwa 30 Minuten goldgelb überbacken. Zum Servieren mit Puderzucker bestäuben.

Feiner Abschluss

Süßes Papayakompott

Für 4 Portionen

500 g Papaya
250 g Zucker
1 Päckchen Vanillezucker
Saft von 1/2 Zitrone

Für die Garnitur:

250 g geschlagene Sahne
Zimt zum Bestäuben

30 Minuten
2 Stunden Kühlzeit

1 Die Papaya schälen, entkernen und in mundgerechte Stücke schneiden. Etwa 1/2 Liter Wasser aufkochen und Zucker, Vanillezucker sowie Zitronensaft einrühren.

2 Papayastücke hinzufügen und 5 Minuten bei geringer Hitze schmoren. Das Kompott in eine Glasschüssel füllen, mit Folie abdecken und für 2 Stunden in den Kühlschrank stellen. Das Kompott in Schälchen verteilen. Mit Sahne garnieren und mit Zimt bestäuben.

Tipp der Köchin

Papayas sollten gleichmäßig rötlich oder orange gefärbt sein und auf Druck leicht nachgeben. Wenige dunkle Stellen haben keinen Einfluss auf den Geschmack. Harte Papayas sind zu früh geerntet worden und daher weitgehend geschmacklos.

Tex-Mex-Gelüste

Blaubeerkompott mit Zitroneneis

Wussten Sie, dass auch die Indianer von Heidel- bzw. Blaubeeren begeistert waren? Sie kochten die Beeren zu einer konzentrierten Paste ein, die sie in der Sonne trocknen ließen, so dass sie zu jeder Jahreszeit einen Vorrat davon hatten.

Für 4 Portionen

500 g frische Blaubeeren (ersatzweise TK-Ware)
Saft von 1/2 Limette
50 g Zucker (oder auch mehr, je nach Belieben)
1 EL Weizenstärke
8 Kugeln Zitroneneis

20 Minuten

1 Die Blaubeeren verlesen und waschen. In einem Topf etwa 1/4 Liter Wasser mit Limettensaft und Zucker aufkochen.

2 Die Blaubeeren in das kochende Wasser geben und 5 Minuten bei geringer Hitze kochen. Die Weizenstärke mit 2 Esslöffeln Wasser anrühren und das Kompott damit binden.

3 Das Kompott auf vier tiefe Teller verteilen und jeweils 2 Kugeln Zitroneneis darauf geben.

Blaubeeren sind sehr empfindlich und schimmeln schnell. Ungewaschen sind sie im Kühlschrank nur einige Tage haltbar. Sie können aber auch tiefgefrorene Beeren verwenden.

Ein toller Abschluss

Süße Mangoschneenocken

Für 4 Portionen

1 reife Mango
100 g Mangogelee
3 Eiweiße
50 g Puderzucker
Für die Garnitur:
Puderzucker und Kakao- oder Zimtpulver

20 Minuten

1 Die Mango schälen und in dünne Spalten schneiden. Das Mangogelee in einem Topf unter ständigem Rühren behutsam erwärmen. Zum Abkühlen beiseite stellen.

2 Die Eiweiße mit dem Puderzucker mit einem elektrischen Handrührgerät auf Höchststufe steif schlagen.

3 Das Mangogelee langsam unter den Eischnee ziehen. Einen Löffel unter kaltes Wasser halten und damit portionsweise Nocken abstechen. Diese auf vier Teller verteilen und mit den Mangospalten garnieren. Die Teller mit Puderzucker und Kakao- oder Zimtpulver bestäuben.

Tipp der Köchin

Mangogelee erhalten Sie in den Lebensmittelabteilungen von großen Kaufhäusern oder in Asienläden.

Rezeptregister

Die Autorin

Rose Marie Donhauser absolvierte drei gastronomische Ausbildungen, u. a. als Köchin im Hotel Hilton in München. Nach weiteren kulinarischen Erfahrungen in internationalen Hotels wandte sie sich 1988 dem Schreiben von Kochbüchern zu. Mittlerweile hat sie weit über 40 Titel veröffentlicht. Seit 1997 ist sie Mitglied im renommierten Food Editor Club.

Der Fotograf

Karl Newedel arbeitet als Food-Fotograf in München. Dabei profitiert er stark von seiner klassischen Kochausbildung. Bereits mit 23 Jahren war er Küchenchef in einem renommierten Münchner Hotel. 1982 wechselte er in den Bereich der Food-Fotografie, wo er sich zunächst als freischaffender Food-Stylist für Verlage, Werbeagenturen und Filmproduktionen einen Namen gemacht hat. Seit 1996 steht er im eigenen Studio selbst hinter der Kamera.

Hinweis

Das vorliegende Buch ist sorgfältig erarbeitet worden. Dennoch erfolgen alle Angaben ohne Gewähr. Weder Autorin noch Verlag können für eventuelle Nachteile oder Schäden, die aus den im Buch gemachten praktischen Hinweisen resultieren, eine Haftung übernehmen.

Bildnachweis

Alle Bilder stammen von Karl Newedel, München, außer: all over, Kleve: Vorsatz (Egmont Strigl); Stock Food, München: 12/13 (Poblano-Chili; Thom DeSanto), (Serrano-Chili; Thom DeSanto), (Jalapeño-Chili; S. & P. Eising), (Habanero-Chili; Conrad), (Anaheim-Chili; Thom DeSanto); alle Freisteller vom Südwest Verlag

Impressum

Lektorat: Michaela Röhrl
Projektleitung: Susanne Kirstein
Bildredaktion: Gabriele Feld
Food-Fotografie: Karl Newedel
Produktion: Manfred Metzger (Leitung), Annette Aatz, Dr. Erika Weigele-Ismael
Umschlag und Layout: Manuela Hutschenreiter
DTP: Maren Scherer, München

Printed in Italy

Gedruckt auf chlor- und säurearmem Papier

ISBN 3-517-06177-8